모두가 배우는 발도르프학교

모두가 배우는 발도르프 학교

초판 1쇄 2020년 1월 16일
초판 2쇄 2020년 12월 14일
지은이 이은영
펴낸이 권경미
펴낸곳 도서출판 책숲
출판등록 제2011-000083호
주소 서울시 용산구 후암동 8
전화 070-8702-3368
팩스 02-318-1125

ISBN 979-11-86342-28-2 03370

이 도서의 국립중앙도서관 출판시도서목록(CIP)은 서지정보유통지원시스템
홈페이지(http://seoji.nl.go.kr)와 국가자료공동목록시스템(http://www.nl.go.kr/kolisnet)에서
이용하실 수 있습니다.(CIP제어번호 : CIP2019050855)

아이들과 함께한 8년의 수업 여행

모두가 배우는
발도르프학교

이은영 지음

책숲

책을 쓰며

이 책은 제가 한 학급 아이들과 1학년부터 8학년까지 함께 지낸 시간들 중 한 자락으로, 아이들과 교사가 어떻게 관계 맺으며 성장하는지를 살짝 엿볼 수 있습니다.

첫눈에 반한 발도르프교육을 해볼 수 있는 교사가 되어 운 좋게도 22명의 아이들과 인연을 맺었습니다. 8년 동안 이 아이들의 담임이 된다는 것은 내가 그들을 잘 알고 이해해야만 할 수 있는 일이었습니다.

아이들이 하는 말과 다양한 움직임들 속에서 교사가 진정으로 보고 느껴야 하는 것이 무엇인지, 보이는 것 이면에서 아이들이 절실하게 이야기하고 이해받고 싶어 하는 것이 무엇인지 알아야 했습니다. 그래서 아이들 생김새를 머리끝부터 발끝까지 살펴보기도 하고, 악수도 하고 안아주기도 하면서 아이들의 몸 상태를 느껴보기도 하고, 부모님과 솔직한 대화를 나누며 교사가 미처 몰랐던 아이들의 성장 배경에 귀를 기울이기도 하면서, 수업 시간에 나타나는 아이들의 반응과 아이들 사이의 관계를 주의 깊게 살펴보기도 하였습니다.

아이들이 어렸을 땐 제가 청하지 않아도 제 손을 잡고 옷자락에 매달리며 자기들의 비밀을 쏟아놓곤 했습니다. 공 들이지 않아도 제가 자신들이 사랑하는 선생님이라는 이유만으로 '일급 정보'를 비롯하여 미주알고주알, 조잘조잘 자기들의 이야기를 샘물처럼 나누어주었습니다. 그럼에도 여러 가지가 부족했습니다. 22명이 충분히 자기들의 희로애락을 드러내고 호소하기에는 여러 가지 조건이 여의치 않았습니다. 어떤 녀석들은 자기 얘기만 들어주지 않는다고 토라지기도 하고, 예기치 않았던 시기와 질투를 보이기도 했습니다.

어떻게 하면 좋을까? 궁리 끝에 '편지를 쓰자!'라는 생각이 떠올랐습니다. 까막눈이었던 아이들이 마침내 한글을 깨치고 부지런히 읽고 써야 할 3학년이었기에, 일석이조! 글쓰기도 하고 이야기도 실컷 할 수 있도록 편지 쓰기를 하게 되었습니다. 아이들은 저마다 자기가 좋아하는 '새'(독수리, 딱따구리, 종달새, 펭귄, 매, 물총새, 제비, 왜가리, 파랑새, 사랑앵무, 붉은 머리 오목눈이, 후투티, 푸른머리되새 등등)가 되었고, 저는 올빼미가 되었습니다. 그래서 하고 싶은 얘기, 궁금한 얘기, 그냥 얘기, 비밀 얘기들을 아무 때나 주고받기로 했습니다.

아이들의 편지에는 현재와 과거, 그리고 어렴풋한 미래까지도 보이는 듯합니다. 아이들이 자연과 세상을 어떤 눈으로 보고 있는지, 저마다의 독특한 세계와 그림자들도 보여줍니다. 여러 해 동안 아이들 편지를 읽으면서 또 하나의 내 거울을 발견합니다.

교사와 아이들 간의 이런 식의 소통이나 교감도 가능하다는 것을, 아이들을 키우는 부모님들과 학교에 계시는 선생님들께 조금이나마 보탬이 될 수 있는 작은 씨앗이 되면 좋겠다는 마음에 용기 내어 세상에 내보이고자 합니다. 여러 해 동안 우리 반 친구들이 보내준 편지들을 모두 다 나누고 싶은 마음이 굴뚝같지만, 여러 가지 이유로 모두 다 책으로 엮을 수 없는 아쉬움을 뒤로하며, 꾸준히 올빼미에게 날아왔던 울새와 긴꼬리케찰의 편지를 나누고자 합니다.

차례

과천자유학교는 한국의 첫 발도르프학교로 2002년에 개교했고, 내가 맡은 학년은 2004년에 입학해서 아이들이 8학년이 되었을 때 이사를 하면서 청계자유발도르프학교로 이름이 바뀌었다.

발도르프학교가 1994년 유네스코 세계교육장관회의에서 21세기 대안학교의 모델로 선정된'후 우리나라에서도 1996년 주한 독일 문화원에서 열린 전시회를 계기로 본격적으로 알려지기 시작했다. 크고 작은 공부 모임들이 생겨났고, 이후 발도르프학교를 설립하고 발도르프학교 교사를 체계적으로 양성하기 위한 교육기관들도 설립되었다. 대표적으로 한국슈타이너 교육협회, 한국슈타이너인지학센터, 발도르프교육예술원 아이라움 등이 있다.

현재 발도르프학교나 발도르프교육을 지향하는 학교가 10여 곳이 넘게 있다. 수도권에 서울, 청계, 푸른숲, 동림, 안양, 성남, 부천, 고양, 양평 등이 있고, 부산, 대전, 광주에 무등, 잇다학교 등이 있다. 그리고 양평의 슈타이너학교와 나스쉴레는 장애 아동 중심으로 운영되는 학교다.

8년의 교실 여행

아름다운 새날을 시작해요

　내가 발도르프교육을 처음 알게 되어 열병을 앓듯이 알고 싶고 배우고 싶어 여기저기 찾아다니던 1997년, 바로 그해에 태어난 아이들이 내가 8년을 함께할 내 학생들이 되었다. 이런 걸 두고 운명적 만남이라고 하는 걸까? 과천자유학교에 학부모로 인연을 맺고, 이런저런 일을 겪으며 그 아이들의 담임이 되었다.

　입학식을 앞두고 아주 오랜만에 설레는 마음으로 백화점에서 옷을 샀다. 내 운명의 아이들에게 따뜻하고 부드러운 인상을 주고 싶어 발품을 팔아 분홍빛 저고리를 장만했다.

　아이들을 맞이할 교실을 쓸고 닦고, 책상과 의자에 이름표를 붙이고, 창가의 갖가지 화분들을 매만지고, 아이들에게 선물처럼 보여줄 그림을 칠판에 그렸다. 잘 그리고 싶은 욕심에 손가락 끝이 얼얼하도록 그리고 지우고 또 그렸다.

　입학식 날, 바람은 쌀쌀했지만 봄볕은 따뜻했다. 파란 하늘을 볼 수 있는 맑은 날이다. 일찍 학교에 와서 교실 바닥에 러그를 깔고, 들려줄 이야기와 아침 시를 중얼중얼거리며 떨리는 가슴으로 첫 수업을 어찌할지 생각하며 서성였다. 하나둘씩 아이들과 부모님들이 모여들었다. 비좁은 공간에서 준비한 입학식을 잘 치렀다. 설렘과 기대와 걱정이 무지갯빛으로 가득한 시간이었다.

드디어 19명의 아이들과 하나씩 눈을 맞추고 두 손을 잡아주며 햇살 가득한 교실로 들어갔다. 아침에 중얼거렸던 수업 내용이 하나도 떠오르지 않는다. 아이들은 온전한 신뢰와 기대가 담긴 눈망울로 나를 쳐다본다. 아, 이 작은 사람들이 나와 8년의 여정을 함께하는 동지고 친구들이구나. 부러 큰소리로 장난을 치며 날 시험하는 듯한 몇 명의 목소리에 정신이 번쩍 든다. '무조건 사랑해요'라고 말하는 눈빛의 여자아이들, 장난치는 아이들과 함께할까 선생님의 말씀에 귀 기울일까 고민하는 남자아이들의 표정이 내가 무얼 해야 하는지를 일깨웠다.

"둥글게 모여서 모두 다 안녕, 아름다운 새날을 시작해요."

모두가 둥글게 원을 만들어 손을 잡고 노래를 불렀다. 햇님처럼 되고 싶어 하는 어린 왕자에게 태양은 "너는 배울 수 있는 힘이 있으니 배우면 된단다."라고 말해준다. 어린 왕자는 벅찬 기쁨을 안고 배움의 길에 나선다는 이야기를 들려주며 첫 형태 그리기 수업을 시작했다.

곧은 선과 굽은 선에 관한 이야기를 들려주고 나서 우리의 몸으로 직선의 움직임과 곡선의 움직임을 느껴보고 함께 만들어보았다. 드디어 곧은 선과 굽은 선을 칠판에 그릴 때가 되었다. "자, 선생님이 하는 것을 잘 보세요."라고 말한 뒤 그림을 그리려고 했다. 그 순간 다시 한 번 아이들을 뒤돌아보았는데 나는 거의 숨이 멎을 뻔했다. 아이들은 정말로 잘 보고 있었다. 검은 눈망울들은 깜빡이지도 않고 진지함으로 가득 차 눈부시게 빛나고 있었다. 눈시울이 뜨거워졌다. 아, 이런 것이 가르치고 배운다는 걸까?

아이들은 내 안내에 따라 차례대로 앞으로 나와서 칠판에 역사적인(?) 곧은 선, 굽은 선을 그렸다. 모두 주저하지 않고 적극적으로 수업에 임했다. 하지만 얼마 지나지 않아 "시시해.", "이게 무슨 공부야!", "촛불을 왜 켜지?"라며 수업을 방해하는 말이 오가고, 야무진 여자아이들의 눈총과 노여움이 뒤따랐고, 주먹과 발로 서로 때리는 시늉을 해가며 소란스럽게 떠들었다. 조금 전의 감동은 지속되지 않았다. 밤새도록 상상했던 그림 같은 수업은 내 한숨과 함께 사라졌다. 옛이야기를 들려주며 간신히 마무리를 했다.

첫 만남, 첫 수업은 좋은 교사가 되는 길이 얼마나 험난할지, 아이들을 사랑한다는 내 생각이 얼마나 추상적이고 안일했는지, 아이들과의 작업을 장밋빛으로 상상한 것이 얼마나 터무니없었는지 여실히 알게 해주었다.

처음 수채화 수업을 하던 날

낯선 도구의 사용도 어설퍼 걱정이 되는 데다, 자칫하면 물바다가 되지 않을까 조바심을 내며, 별일 없기를 기도하면서 수업을 시작했다.

첫 수업으로 곧은 선, 굽은 선을 공부했다.

2004년 입학식. 작은 거실에 전교생이 모였다.

촛불을 켜고, 출석 노래를 하고, 아침 시를 외운 후, 다른 날과 다르게 책상을 가져다놓았다.

우리가 아름다운 그림을 그릴 수 있도록 도와주는 도구들을 소개한다.

해면, 신기하게 생겼다. 이 친구는 바다에서 살고 송송 뚫린 구멍 속에 새우랑 게랑 살기도 한다. 물을 묻히면 느낌이 어떨까. 조심스레 물속에 담갔다 물기를 짠다. 손등에, 볼에 살짝 대본다. 아이들도 나를 따라서 한다. 한 차례 소란이 찾아온다. "물이 안 묻어요!", "선생님, 얘가 내 책상에 물 떨어뜨려요!", "보들보들해요!", "차가워요!"

자, 다음은 붓! 부드러운 솔은 담비, 돼지, 말들이 우리에게 선물로 준 털들로 만들었다. 또 한 번 붓으로 손등과 뺨에 부드럽게 붓질을 한다. 짓이겨지지 않도록 소중하게 다루자는 당부를 잊지 않았다.

드디어 물에 적신 종이를 차례차례 나누어준다. 짧은 색깔 시를 읊었다.

색으로 가득 차 밝게 빛나며
저기에 놀라운 빛의 다리가 놓였네.
빨강과 주황, 노랑과 초록
내가 일찍이 본 적 없는
가장 고운 빛깔이어라.
파랑과 남색, 그리고 신비한 보라까지
하늘에서 땅 위까지 걸쳤네.

14

성질 급한 녀석들이 따라할 생각을 않고 어서어서 그리자고 한다. 오늘은 노랑을 그릴 것이다. 노랑을 느껴보기 위해 봄 햇살 이야기를 들려준다. 따스한 햇살이 온 세상을 안아주면서 눈을 녹이고 언 땅을 어루만져 새싹이 나올 수 있도록 가볍게 눈부시게 춤을 춘다. 아이들은 홀리듯 이야기를 듣고서 '도대체 뭘 그리냐?'고 묻는다. 웃음이 터져 나온다. 칠판 위에서 붓질하는 방법을 설명했다.

"물에 적신 붓을 노랑에 살짝 담가 도화지 위에 봄 햇살이 세상을 만져주듯 그려봅시다."

찰나의 고요함이 지나가고, 사용한 붓을 물통에 담가 씻어내자 마법 같은 일이 일어난다. 노랑이 퍼져 나가면서 온통 노랑물이 되었다. 다시 찾아온 떠들썩.

"우와, 예쁘다!"
"신기해!"
"레몬주스 같아!"
"다 했어요!"
"물 엎질렀어요!"
"그만할래요!"

작은 소리로 노래를 부르고, 리드미컬한 손뼉치기로 아이들의 소란을 진정시킨 후 차례대로 화판을 끼워놓고 물통과 도구들을 씻으러 교실 밖 화장실로 안내한다. 때마침 수채화 수업을 마친 2학년들과 마주치며 수다가 이어진다. 화장실로 쫓아가 도구 씻는 것을 도와주고 다시 교실로. 큰 사고 없이 첫 수채화 수업을 마쳤다.

좀 더 질서정연하게 고요함 속에서 아이들이 그림을 그릴 수 있도록 해야 했는데 아이들의 소란에 일희일비하지 않았는지, 자꾸만 내 미숙함과 실수만 떠오른다. 그나저나 아이들은 노랑을 제대로 만났을까? 저희들처럼 팔랑팔랑 날아다니고 가볍게 빛나는 노랑을 만났을까?

빌데만 선생님 부부의 멘토링

아이들은 나름대로 조심스럽게 긴장하며 첫 수업들을 경험했다. 조금씩 학교생활에 익숙해지자 점차 진정한 자기 모습을 드러내기 시작했다. 출석을 부를 때부터 마침 시를 외울 때까지 아이들은 서로 소소하게 부딪치고 소리를 높이면서 '나는 이런 사람이에요.'라며 자신이 누구인지를 알려주었다. 선생님 말씀에 귀 기울여야 한다면서, 떠드는 친구보다 더 커다란 소리로 이야기하는 아이, 모든 과정에서 자기 생각을 말하지 않으면 안 되는 아이, 끊임없이 무언가를 만지작거려야 편안한 아이, 공부가 너무 시시하다는 아이, 자유학교에 왜 자유가 없냐는 아이, 선생님이 너무 좋다며 시도 때도 없이 안겨오는 아이, "우리 선생님은 노래도 잘하고 이야기도 잘하셔." 하며 민망하리만치 날 칭송해주는 아이.

때로는 과장되고 때로는 부당한(!) 아이들의 반응에 울고 웃는 나! 이 아이들이 보여주는 모습 속에서 나는 아이들을 제대로 이해하고 있는지, 아이들이 필요로 하는 것을 잘 알아채고 가르치고 있는지, 많은 것이 혼란스럽고 답답했다. 난생처음 만들어내야 하는 수업 내용 공부도 어렵고, 100분간의 수업 시간을 예술적으로 구성하고 무리 없이 흘러가게 운영하는 것도 힘들고, 내 앞의 아이들에게 화가 나는 내 자신의 마음을 응시하며 교사로서의 자격지심, 좌절감이 들었다.

그즈음, 캐나다 밴쿠버 발도르프학교에서 학생들을 가르치는 빌데만 선생님 부부가 멘토링을 해주시기 위해 학교를 방문했다. 운 좋게도 내 수업을 2주 동안 참관하시면서 답답했던 고민을 풀어갈 수 있도록 내게 필요한 쓰디쓴(!) 처방을 내주셨다.

두 분 멘토 선생님이 번갈아가며 우리 교실에서 수업 참관을 하실 때마다 아이들은 보란 듯이 자기들의 정체성을 뽐냈다. 평소에 잘 따라주던 여자아이들도 짝을 지어 소곤소곤…. 날다람쥐 같은 남자 녀석들도 재주를 넘으며 교실을 휘젓고 돌아다닌다. 간신히 붙잡아다 수업을 진행한다. 꿈속에서조차 준비를 하느라 꿈에서인지 생시에서인지 모를 만큼 준비했던 수업이 모든 부분에서 삐걱거린다. 아이들은 멀쩡하게 불던 리코더도 빽빽 소리를 내고, 그리도 좋아하던 '농부와 씨앗' 놀이도 시큰둥, 이야기를 들려줄 땐 집중을 잘하던 아이들이 새삼스레 아는 이야기라며 중간에 끼어들기도 한다. 내 목소리는 아이들 귀에 다가가기도 전에 공중에 흩어져버리고 내 얼굴은 빨갛게 달아오른다. 어떡하지? 너무나 당황스럽다. 난 아직도 왜 이리 배워야 할 것이 많은 걸까?

교사로서의 내 역량이 고스란히 드러나는 듯했다.

　나름 아이들과 발도르프식 수업이 자리 잡아가고 있다고 생각했는데, 한순간 모래성처럼 무너져버리는 듯했다. 멘토 선생님들은 엉망이었던 첫 수업 참관 이후에도 지속적으로 수업을 보시고, 아이들과 간식을 함께 드시고, 바깥에서 하는 체육 수업도 살펴보시고는 나와 많은 이야기를 나누었다. 수업 구성에 관해서, 아이들의 면면과 호흡에 관해서, 아이들을 대하는 내 태도에 관해서, 무엇을 놓치고 있는지, 무엇이 과한지…. 알량한 내 자의식은 쓴소리에 무척이나 아팠지만, 볼 줄도 몰랐던 진실을 타의에 의해 알게 되고, 애써 피하려 했던 내 허물들을 마주하고 나니, 오히려 까마득한 동굴 속에서 한줄기 빛을 만난 듯한 안도와 감사함에 눈물을 펑펑 쏟았다.

　빼어나고 빈틈없는 수업 방법론이 문제가 아니었다. 내가 정말로 아이들을 있는 그대로 보는지가 문제였다. 별것도 아닌 지식과 미천한 경험을 앞세워 매 순간 내가 내리는 판단과 평가가 맞다고 생각하며 한 치의 의심도 하지 않고 바깥에서 문제의 원인을 찾던 내 오만과 어리석음이 낱낱이 보였다.

　우리 반 아이들에게 가장 필요한 것은 학교에 와서 제대로 배울 수 있도록 바른 습관과 태도를 익히는 것이다. 사실 아이들은 어떻게 배움에 임하는지를 배운 적이 없다. 하나에서 열까지 새롭게 가르쳐야 한다. 유치원 시절의 부산함과 '경계 없음'에서 벗어나, 귀 기울이기, 함께 어울려 활동할 때 얻을 수 있는 자유로움을 스스로 맛볼 수 있도록 이끌어주어야 한다. 선생님에게 계속 지적받고 자신의 행동을 제어하지 못해

저항하고 반감을 가지는 아이들은 그것만으로도 얼마나 힘든 상태인지 나는 헤아리지 못했고, 아이들이 '힘들어요, 어려워요'라고 보내는 신호들을 아이의 잘못으로 규정하고 상처를 주기까지 했다.

이제 돛대를 어찌 달아야 할지 감이 잡힌다. 이마저도 감사할 뿐이다. 내가 달라지니 아이들도 조금씩 달라졌다. 기분 좋게, 뿌듯하게 수업을 마무리하는 날들이 늘어갔다.

상상력과 이야기의 힘

우리 반은 19명으로 시작해서 22명으로 8학년 과정을 마쳤다. 그런데 저학년 때엔 눈에 안 보이던 4명의 식구가 교실에서 늘 함께 지냈다. 햇살이와 우주, 쥐돌이와 쥐방울이다. 이 친구들은 우리 반 아이들의 공부를 재미나게 하고 잘 배울 수 있도록 도와준 무척 고마운 은인들이다.

햇살이와 우주는 1학년 때 한글의 모음 수업을 하기 위해 만든 이야기 속의 주인공들이다. 햇살이와 우주의 끝없는 모험을 통해 아이들은 "아, 어, 오, 우, 으, 이"라는 소리와 글자를 배웠다. 햇살이와 우주는 수와 셈하기 시간에도 모험을 이어가면서 더하기 임금님, 빼기 여왕, 곱하기 왕자, 나누기 공주를 만나게 해주었다. 덕분에 말린 열매들을 가지고 셈하기 연습을 즐겁게 할 수 있었다.

아이들은 수업 시간뿐만 아니라 나들이를 할 때에도 햇살이와 우주의 참여와 반응을 궁금해했다.

"햇살이와 우주는 나누기 공주를 직접 만났으니 나보다 나누기를 잘하겠죠? 걔네도 저처럼 모르는 게 있어요?"

20

한글의 모음 수업을 위한 이야기에 등장했던 우주와 햇살이

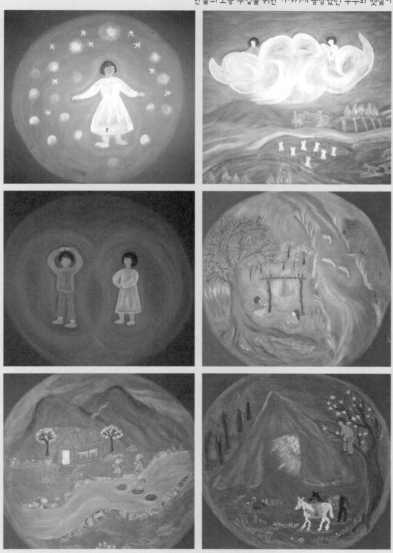

나들이 길 터널 속에서 잔뜩 붙어 있는 달팽이들을 볼 때도,

"햇살이랑 우주한테도 보여주고 싶어요!"

하면서 저희들이 좋아했던 경험들을 나누고 싶어 했다.

햇살이와 우주의 모험이 언제까지나 이어질 것 같았지만 아이들이 자라면서 자연스럽게 잊혔다. 졸업할 무렵에 아이들은 아련하게 그들을 떠올리며 순수했던 자신들의 어린 시절을 그리워했다.

콩주머니 놀이는 아이들의 공간 감각을 깨워주고 주의 깊게 듣는 훈련을 통해 움직임으로 인도하는 매우 의미 있는 활동이다. 그런데 아이들의 적극적인 참여를 위해 아이들의 마음을 훔칠 수 있는 매력적인 친구들이 필요했다. 그래서 작고 잽싼 생쥐들, 사방팔방으로 쏘다니며 제멋대로 장난치고 신나게 놀고 싶어 하는 아이들의 바람을 대리만족시켜줄 수 있는, 새까만 눈을 요리조리 굴리며 귀를 쫑긋거리는 쥐돌이와 쥐방울을 우리 교실에 놀러 오라고 초대했다. 이렇게 해서 1학년 때 우리 곁에 오게 된 주인공이 쥐돌이와 쥐방울이다.

생쥐가 된 콩주머니가 오른쪽으로, 왼쪽으로, 위로, 아래로, 가로지르고, 건너뛰고, 뒤로 돌고, 머리 밑으로, 발등 위로, 어깨에서 정수리로 뛰어오르고, 가슴과 배로 미끄러지고, 공중제비를 돌면서 상상 속의 숲과 들판, 교회당이 있는 마을, 창문과 방이 100개가 있는 큰 집을 놀이터 삼아 신나게 놀았다.

아이들은 짧은 활동만으로는 성에 차지 않아 본격적인 생쥐들의 모험담을 듣고 싶어 했다. 2학년 때부터 매주 토요일 20분씩 그들의 모

험이 시작되었다. 쥐돌이, 쥐방울의 이름만 들어도 흥분하고 좋아하는 아이들의 눈빛이 내게 마법의 힘을 선물해주었다. 혹부리 영감님의 혹처럼 내 어딘가에 이야기 주머니가 생긴 듯했다.

"쥐돌이 쥐방울은 우리랑 마음이 비슷한가 봐. 나도 꼭 그렇게 하려고 했는데~ 신기해~"

실은 아이들의 성격과 행동이 녹아들어 간 일들을 쥐돌이와 쥐방울의 몸을 빌려 들려주는 것인데 아이들은 자신들의 이야기를 들으며 감탄했다.

"전에 눈이 너무 많이 와서 쥐돌이랑 쥐방울이 사흘을 굶었댔잖아. 이거 주면 진짜 좋을 텐데…"

간식 시간에 맛난 간식을 앞에 두고, 굶었다는 쥐들을 떠올리며 챙겨주고 싶어 한다. 3학년 때 한 아이가 올빼미에게 보내는 편지에도 쥐돌이와 쥐방울 이야기가 등장한다.

"선생님, 쥐돌이, 쥐방울 이야기 선생님이 지은 거지요?
쥐돌이, 쥐방울이 얼만한 크기로 편지 줬어요?
그려 보세요!
선생님, 좀 더 크면 글씨로 써주세요. 그려보세요!"

쥐돌이와 쥐방울은 아이들과 내가 무척 가까워지고 교감을 나눌 수 있게 만들어준 일등공신이다. 언니, 오빠들도 모르는 우리끼리만 아는 체할 수 있는 암호 노릇도 해주어 우리, 사이를 더욱 돈독하게 해주었다. 아이들은 1, 2학년 마지막 학기 학예발표회 자리에서도 자랑스럽게 자신들의 학교생활과 성장을 뒤돌아보며 쥐돌이와 쥐방울을 중요한 존재로 소개했다.

아이들을 잘 먹이고, 잘 재우고, 잘 놀게 해서 몸을 튼튼하게 키우는 것처럼, 아이들의 영혼과 정신이 건강하고 풍요롭게 자라게 하려면 그 무엇보다도 상상력과 이야기의 힘이 절실하다. 아이들은 이야기를 온몸으로 듣는다. 처음엔 귀를 열어 듣기 시작하지만, 눈이 반짝거리고 낯빛이 발그레해지며, 이야기의 호흡에 따라 입도 절로 벌어지고 심장이 콩콩 뛴다.

선생님이 들려주는 옛이야기와 동화 속에는 세상살이의 모든 것이 들어 있다. 꽃과 나무와 동물과 이야기를 나눌 수 있는 경이로움과 가족 간의 따스한 사랑이 있고, 슬픔과 절망, 약하고 힘없는 것들과의 사랑과 나눔, 어려움에 홀로 맞서는 용기, 지켜야 할 선함과 정의가 있다.

이야기의 모든 사건이 내 감각 속으로 들어와 함께 웃고, 무서워 벌벌 떨기도 하면서, 어려움을 헤쳐 나갈 꾀를 내기도 하며, 사람이 살아나가는 지혜를 조금씩 터득한다. 그렇게 아이들은 들으면서 모든 것을 보고 경험한다. 아이들의 이런 듣기와 상상하는 힘은 나중에 문자 읽기를 할 때도 십분 발휘된다. 글자 너머로 눈에 보이지 않는 것까지 읽을 수 있는 능력이 생긴다. 이른바 지성이 깨어난다.

실제로 역사, 지리를 비롯해 인간학, 천문학, 기상학 같은 과학 과목을 공부할 때도 아이들은 서사로 접할 때 수업 내용을 가장 잘 받아들이고 아주 긴 호흡의 설명도 지루해하지 않았다. 수업이 이렇게 아이들의 상상력을 자극할 때만 아이들은 호기심을 가지고 지속적으로 그 주제에 관심을 기울이며 자신의 학습과 사고 활동에 집중한다.

이야기 들려주기는 아이들의 감각과 마음을 열어 세상을 진정으로 배울 수 있게 하는 마법이다.

날마다 즐거운 소동이 벌어지는 교실

3학년

기도를 마치자마자 아이들이 하나둘씩 간식통을 들고 내 책상으로 온다.

"선생님~ 이거 드셔 보세요."

"선생님~ 제 거랑 바꿔 먹어요."

"선생님~ 아~ 해 보세요."

간식이 푸짐한 만찬이 되었다. 여자아이들은 여전히 내 주위에서 길지도 않은 내 머리를 매만지고, 손을 잡고, 껴안으면서 집안의 대소사부터 본인들의 화제들을 재잘재잘 종알종알 늘어놓는다.

갑자기 숨을 헐떡이며 남자애들이 힘이 잔뜩 들어간 눈으로 들어온다.

"선생님, 우리 텃밭을 누가 습격한 것 같아요! 아침에 물 줄 때랑 달라졌어요! 조사해봐야 해요!"

"그래요?"

모두 우르르 밭으로 내달린다. 학교가 들썩인다. 휴, 그나마 쉬는

2학년 교실 풍경

주요 수업 중 작은 막대로 리듬 활동을 하고 있다.

3학년 집짓기 수업 중 아궁이를 만들고 고사를 지냈다.

27

시간이라 다행이다. 밭에 가니 마침 ○○어머니가 푸성귀를 한아름 씻어 오신다.

"선생님, 너무 무성해서 솎았어요. 점심시간에 아이들이랑 드세요~"
현장 검증, 예리한 수사를 할 참이었는데….
날마다 즐거운 소동이 벌어진다.

4학년

새 학년이 시작되어 전교생이 한자리에 모였다. 어머나, 우리 반 아이들이 3학년보다 머리 하나가 더 크다. 젖살도 빠져 영락없이 소년, 소녀의 태가 나온다. 간식 시간, 쉬는 시간 풍경이 싹 달라졌다. 남자아이들은 눈 깜짝할 사이에 간식들을 입에 우겨넣고 총알같이 튀어나간다. 오징어 놀이에 축구에…, 어김없이 꼬질꼬질한 땀을 줄줄 흘리고, 시큼한 냄새를 풍기면서 교실로 돌아온다.
우리의 여학생들은 삼삼오오 흩어져 수다 삼매경, 밀린 공책 정리, 수공예 숙제(십자수 놓기)를 매만지고 있다.

5학년

날마다 아침 인사 시간에 악수를 하며 키 작은 나를 기준으로 키 재기를 하는 아이들. 이리저리 여울을 만들어내며 쉼 없이 빠른 속도로 거침없이 흐르는 계곡처럼 기운이 넘쳐나는 교실이다.

3학년 교실 풍경

4학년에서 배우는 만주신화를 연극으로 무대에 올렸다.

6학년 운동장 야영

7학년 학예발표회

아이들 사이에 단짝이 생기고, 무리가 지어진다. 관계의 지형이 여러 번 바뀐다. 아프고, 웃고, 토라지고, 섭섭하고, 분노하고, 이해할 수 없고, 너무 좋아 죽겠고…, 온갖 감정들을 맛보며, 이제는 교실에서 더 이상 아이처럼 자기만 내세우며 떼쓰던 시간은 돌아오지 않는다는 것을 아이들은 깨닫는다. 비 온 뒤 땅이 굳어진다. 미운 정, 고운 정이 쌓여간다. 새로운 수업도 재밌지만, 갈무리할 아이들의 몫도 점점 커진다.

6학년

커튼을 돌돌 말아 숨고, 책상 밑에 드러눕고, 교실을 휘젓고 다니던 조그맣고 말랑말랑하던 녀석들이 다 어디 갔을까?

여학생들은 쉬는 시간마다 화장실로 사라진다. 모두 다 거울 앞에서 꽃단장 중이다. 남학생들은 커다란 덩치로 어슬렁어슬렁, 삐딱하게 쳐다본다. 한 녀석은 목소리가 삐걱거린다.

내 지휘와 지시도 한 번에 통하지 않는다. 저희들끼리 회의를 한다. 다른 사람의 말을 잘 듣고, 생각을 하나로 모으는 것이 얼마나 어려운지 알겠단다. 몸이 자라는 것에 비해 마음이 더디 자라는 아이들에게도, 아이들이 불같이 쏟아내는 흥분과 격정과 애정에 물과 불 속을 오르락거리는 나도 보약이 필요하다.

7학년

교실 안에 향긋한 핸드크림과 선크림 냄새가 가시질 않는다. 점점 짧아지는 여학생들의 반바지 차림 때문에 수차례 전투를 치렀다. 남자 아이들은 이 전투를 방관하면서 심지어 여학생들 편을 든다. 나만 빼고 한통속이 되었다.

눈은 높아져 저마다 목표는 높이 세워 쉬이 절망에 빠지면서도 오히려 배짱은 두둑해져 교사를 어르고 달랜다. 중구난방 소란하게 뒤엉킨 의견들이지만 잘 들어보면 제각기 다른 색깔, 목소리로 근사한 하모니를 만들어낸다. 아이들은 그렇게 나를 홀리고 울린다.

8학년

정해진 8년간의 여행 중 마지막 한 해다. 아이들과 내가 넘어야 할 큰 산을 앞에 두고 있다. 모두가 몸과 마음이 바쁘다. 커다란 과제를 두고 긴장하며 조심스레 서로 눈치를 보기도 한다. 이전처럼 아이들과 큰 마찰은 생기지 않는다. 아이들과 난 애증으로 단련된 부부 같은 느낌이 들 때도 있다. 남은 힘을 다해 끝까지 잔소리를 하려다 '이건 아니지' 하며, 마지막 내 안의 노파심과 욕심을 놓았다. 그제야 비로소 자유롭게 아이들은 스스로 각기 다른 수준으로 자신의 한계를 넘으려 애쓴다. 그 자체만으로도 아이들은 벅차게 아름답다.

과학 수업 - 소리가 보인다고?

학년이 올라갈수록 담임 교사가 주기집중 수업으로 다룰 과목이 늘어난다. 국어, 수학, 형태 그리기라는 기본 과목에다 농사짓기, 집짓기, 동네학, 식물학, 지리, 역사와 물리, 광물학, 천문학, 건강영양학, 기상학, 화학 등 본격적인 과학 과목이 기다리고 있다.

나는 전공이 문과 계열이기도 하고 학창 시절에 좋아했던 과목이 지리, 역사여서 이 과목들은 아이들과 어떻게 재미나게 수업할 것인지 상이 떠오르기도 해서 기다려지기도 했다. 하지만 이과 과목들, 특히 지구과학이나 물리는 배워본 적도 없어서 과학 수업이 시작되는 6학년을 맞이하기가 두려웠다.

소위 학창 시절에 나는 제대로 된 과학 실험을 해본 경험도 없다. 두꺼운 생물 교과서에 나오는 생물의 계통 분류 체계, 세포, 세포 분열, 염색체 등등, 뭔지도 잘 모르는 내용을 달달달 외우고, 생소한 원소기호, 복잡한 화학식을 이해하려고 용을 썼던 기억뿐이다. 그런데 생각만 해도 머리가 아픈 과학 과목들을 아이들과 어떻게 수업을 할지, 그것도 재미있게 해야 하니 부담감에 입맛도 싹 달아나버렸다.

선배 학년 수업을 하신 과학 선생님의 귀한 시간을 뺏어가며 자세히 설명을 들었다. 묻고 또 물으면서 하나도 빠뜨리지 않고 받아 적었다. 간신히 눈앞의 뿌연 장막이 한 꺼풀 사라진 듯하다. 그리고 재밌었다. 익숙했던 일상생활 속에 그냥 있었던 현상들로부터, 신비롭고 고맙기 그지없는 나의 감각들을 이용해 무언가를 하나씩 발견해내는 그 경이로움에 가슴이 뛰었다.

수많은 소리들, 내가 들을 수 있는 소리들, 내가 듣기 싫으면 안 들렸던 이유들, 빛과 어둠 사이에서 일어나는 색의 마법들, 열에 의해 창조된 세상, 자기력과 정전기 등이 이렇게 매력적인 주제였는지, 마구 흥분되었다.

실험 기구들을 빠짐없이 확인하고, 온전한 수업이 되도록 몇 번씩 연습해본다. 연습을 통해 더 섬세하게 관찰하게 되고, 전에는 생각지도 못했던 질문들이 떠오른다. 어떤 질문을 하는가에 따라 관찰하는 시선이 달라지고 보이는 것도 달라진다. 무지했던 내가 점점 그 세계 속으로 깊이 다가가게 된다.

아이들도 이렇겠구나! 이 과정을 통해 나에게 물리적 현상의 깨우침이 하나둘씩 생겨나듯, 아이들도 자신이 발견한 것들을 보게 되겠구나. 무엇을 더 주의 깊게 보고, 어떻게 질문을 끌어내야 할지 감이 잡힌다.

자, 시작해볼까!

태양과 별빛이 지구를 축복하니
열기와 온기가 지구를 떠받치고

차가운 물안개가 지구에 생기를 주네.

팽창과 수축의
끊임없는 변화 속에서도
모든 것은 여전히 살아 있어

둥실둥실 떠도는 빛
물질 가장 깊숙이 응축되었다가
다시금 흩어져 정신이 되니

우리의 이 놀라운 세계 안에서
인간의 감정은
경외와
보고자, 느끼고자, 존재하고자 하는 용기와
우리에게 필요한 변화들로
가득하네.

우주의 교향곡 속에서
내면으로 그리고 외부 세계로
모든 것은 성장하고
또한 다시 채워진다네.

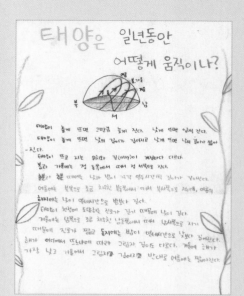

태양은 이렇게 움직이는군!

6학년 천문학 수업-
태양과 달의 움직임에 대하여

리타 테일러 선생님이 지어주신 여는 시를 낭송하고 나서 물리 수업 첫 실험을 시작했다.

고요 속으로 침묵하기. 완전한 고요를 경험해보자. 아이들은 앞선 내 당부대로 진지하게 실험에 임했다. 옆 교실 선생님의 목소리, 아이들 목소리. 드르륵 문을 여닫는 소리, 윙~ 보일러 소리, 하품 소리, 숨소리. 바스락바스락 옷깃이 스치는 소리….

약 5분간의 시간이 이렇게나 길었나. 전혀 다른 느낌의 시간이 흐른다. 소리 내지 않으니 다른 소리들이 살아난다. 내가 어디로 간 걸까? 그래도 세상이 꽉 찬 느낌이다. 가슴이 두근거린다.

"여러분, 어때요?"
"완전한 고요는 없어요!"
"평상시에 왜 이런 소리를 하나도 못 들었지?"
"세상이 소리로 만들어진 것 같아요!"

두 번째 실험. 아이들에게 등을 돌려 앉으라 하고, 보이지 않게 준비한 여러 소리를 낸다. 교실에 온갖 소리들을 불러들였다. 아이들도 소리의 실체를 찾기 위해 집중한다. 풍선 공기 빼기, 종이 찢기, 무거운 책 떨어뜨리기, 콩을 그릇에 쏟기, 나무토막 부딪치기, 숟가락을 컵에 부딪치기, 물을 다른 그릇에 붓기, 돌멩이 비비기 등.

아이들은 앞서 지시한 대로 소리들을 종이에 적었다. 그것을 발표하면서, 들은 소리를 서로 대조해보았다. 맞았다, 틀렸다, 분분하다. 눈에 보이도록 다시 소리를 내본다. 소리의 특징을 묻고, 소리의 주인공인 물건을 확인했다. 아이들도 실감나게 소리를 말로 표현해보고, 각기 다른 물체들의 소리를 보았다!

세 번째 실험. 아이들이 각자 연주할 수 있는 악기들을 들고 나와 작은 음악회를 열었다. 오카리나, 플루트, 클라리넷, 바이올린, 첼로, 기타로 서로 음계가 다른 '작은 별'을 연주했다. 눈치 빠른 아이들이 말한다.

"악기마다 소리 내는 방법이 달라요."
"불거나, 줄을 켜고 줄을 뜯어야 소리 나는 것들이에요."
"높고 낮은 음들을 낼 수 있어요."
"아름다워요. 듣기 좋아요."

다음 날, 첫째 날의 실험 세 가지를 다시 떠올리며 아이들과 이야기를 나누었다. 우리가 들을 수 있는 소리들, 바람 소리, 빗소리를 비롯한 자연의 소리들, 어제 교실에 초대했던 무생물들이 들려주는 소리, 우리가 의식적으로 만들어내는 소리들, 귀가 찢어질 듯한 시끄러운 소리들. 우리는 소리의 세상 속에 살고 있다. 어떤 소리들은 우리를 즐겁고 행복하게 만들어주고, 어떤 소리들은 두려움과 슬픔을 가져다준다. 소리가 우리를 울고 웃게 한다. 이렇게 소리는 우리에게 엄청난 영향을 미친다. 소리는 커다란 힘을 가지고 있다.

그렇다면 소리는 어떻게 나는 걸까? 높은 소리, 낮은 소리는 누가 만드나? 소리는 움직일 수 있나? 소리가 만들어낼 수 있는 것은 무엇일까? 많은 질문들이 쏟아져 나왔다. 수업이 끝나기 25분 전 정도, 우리가 관찰하고자 했던 것, 실험의 순서, 내용, 이야기 나눈 것들을 글로 정리했다.

새로운 실험이 등장했다. 고운 천으로 덮여 있는 바구니를 조심조심 옮겨본다. 교사가 옮기는 모양새가 여간 조심스럽지 않다. 아이들도 함께 숨죽여 기다린다. 소주병 8개, 와인 병 8개, 와인 잔 8개.

"아! 저거~, 울 엄마가 저 병 씻는 거 봤어!"

학기 초부터 이 수업을 위해 똑같은 병들을 구하려고 부모님들께 음주를 권장(?)했다. 오랜만에 와인으로 기분을 내시라고! 그 덕분에 나는 아이들이 귀가한 후 빈 병으로 나발을 불었다. 오늘의 이 시간을 위하여!

처음에는 절망이었다. 소리가 나질 않는다. 폐활량에 문제가 있나? 입술 모양을 이렇게 저렇게 달리해 보며 소리를 내기 위해 열심히 연습했다. 드디어 난다! 아, 수업을 할 수 있겠구나! 어쩌다 한 번 나는 소리가 아니어야 하니 부지런히 입에 익도록 불고 다녔다. 나름 사연이 있는 실험 도구들인 셈이다.

소주병과 와인 병들을 불어본다. 두 개의 병에서 나는 소리가 다르다. 왜 다를까? 미리 준비한 수조에 색소를 넣는다. 색이 퍼지자 아이들의 탄성이 들린다. 병 속에 물을 넣으면 어떻게 될까? 각각 다른 높이가 되도록 물을 부어 8음계가 되도록 배열해본다. 하나씩 불자 아이들의 소리도 함께 높아진다.

다음, 와인 잔. 깨질세라 조심조심 다룬다. 빈 잔의 주둥이를 맨손으로 문질러본다. 아이들은 고개를 갸우뚱. 빈 잔에 물이 묻은 손으로 문질러본다. "와~, 예쁘다!" 투명하고 예쁜 소리가 난다. 물을 조금 넣어서 문질러보니 소리와 함께 물의 떨림이 살짝 보인다. "우와~, 신기하다!"

"자, 그럼, 와인 잔으로 노래를 연주할 수 있겠죠?"

와인 잔에 물을 넣어 물을 조율해본다. 얼추 8개의 음이 맞춰졌다 싶은데 한 녀석이 심각한 얼굴로, "가운데 음들이 안 맞아요! 약간 플랫 돼요!" 다른 아이들도 그런 것 같다고 거든다. "그래요?" 하면서 잔의 물을 세심하게 덜고, 더 넣으며 아이들이 만족스러워할 때까지 조율했다. 제 음이 맞춰지니 그제야 문제 제기했던 아이의 얼굴이 환해졌다.

아이들의 음감에 정말 깜짝 놀랐다. 불현듯, 조금이라도 거슬리거나 아니다 싶으면 불편해하는 저 감각들이 도덕적 힘으로 커지겠지? 어려서부터 바르고 아름다운 것을 보고, 본디 세상이 그러하다 생각하면 어른이 되어서도 진실과 양심을 지키는 일에 어색해하지 않으리라는 생각으로 이어진다.

다음 날 또 우리는 어제의 실험들을 떠올리며 그것을 말과 글로 정리했다. 깜빡 놓친 것들은 다른 친구들의 이야기로 보충하여 우리가 실험하고자 했던 것들을 더욱 명확히 한다. 병의 크기에 따른 다른 소리를 기억해내고, 늘 연주하고 있는 두 개의 리코더를 떠올리며 음색이 다른 이유를 발견한다.

소리의 높낮이가 병과 잔에 채워져 있는 물의 양과 관계가 있다는 결론을 찾았다. 물의 양이 공기 기둥의 길이를 줄일수록 소리가 높아진다는 것을 눈으로 보고 알게 된 것이다. 놀라움에서 시작한 여러 현상들을 자세히 관찰해서 기억하고 반복하며, 직접 말로 표현하고 글로 써보니 이해가 절로 되었다.

개념으로 설명되는 지식이 아니라, 경험과 다양한 질문으로 생생하게 발견하는 앎이다. 앞으로 우리가 신나게 배울 것이 얼마나 많은지, 세상이 신기한 것으로 가득 차 있다. 지나쳐버린 일상에서 드러나는 여러 현상들이 달리 보인다. 직접 관찰하고 만져보면서 세상을 알아 나간다는 일이 정말 설레고 멋지다.

사람의 목소리는 어디서 나올까?

아이들이 특히 경이로워한 실험은 소리가 미치는 영향을 눈으로 볼 수 있었던 클라드니판 실험이다. 고정된 금속판에 미세한 모래 가루를 뿌리고, 낡은 바이올린 활에 송진을 바른 다음, 판의 가장자리를 그었다. 소리가 나면서 동시에 판이 진동하고 가루들이 형태를 만들어 냈다. 낮은 소리와 높은 소리에 따라 서로 다른 패턴의 형태들이 나타났다.

아이들의 커진 눈과 벌어진 입이 다물어지지 않았다. 소리와 진동이 형태를 창조했다. 신이 우리를 이렇게 만들었는지도 몰라! 우리가 내는 소리가 우리를 이런 모양으로 만들었는지도 몰라! 상상의 나래를 폈다.

그 가능성들에 나도 동의했지만, 나는 속 시원하게 규명해줄 수 있는 수준이 아니었기에 방향을 틀었다. 인간이 내는 소리는 동물과 무생물들과 어떻게 다른가? 사람의 목소리는 어디서 어떻게 나올까? 조용히 허밍으로 간단한 노래를 불렀다.

"목구멍이 떨려요."
"입술이 간지러워요."
"떨리는 부분을 후두라고 합니다."

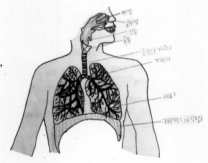

후두로 소리를 낼 수 있는 것은 모음들 뿐, 자음은 입 안에서 만들어지는 것도 알게 되었다. 아이들은 사람이 소리를 내는 과정을 실험하면서 사람의 자유의지를 발견한다. 우리의 의지에 따라 아름다운 소리 혹은 추한 소리를 만들어낼 수 있다. 우리의 의지와 의도가 어디를 향해야 하는가?

고체, 액체, 기체를 통한 소리의 전달을 실험하면서 소리에 관한 주제를 마무리하고, 이런 방식으로 빛과 색(광학), 열, 자기, 정전기, 전기라는 주제를 4개 또는 5개의 실험을 통해 현상을 관찰하며 물질 세상의 실체를 생생하게 마주했다. 그 과정에서 아이들은 자신이 경험한 경이감을 주옥같은 시로 남기기도 했다.

4주가 금방 지나갔다. 아이들은 7학년, 8학년에 어떤 실험과 또 다른 질문거리들이 기다리고 있을지 기대하며 새로운 계절을 맞이했다.

7학년에서는 6학년에서 다뤘던 음향, 광학, 열, 전기, 자력의 내용을 심화·확대하고, 힘의 원리를 다루는 역학이 추가된다. 지렛대, 바퀴, 차축, 롤러, 도르래, 나사 등 실생활에서 볼 수 있는 사물을 가지고 이 역학을 설명한다.

8학년에서는 이 주제들을 인과법칙에 의거해서 확장하고, 이에 더해 물속에서의 힘 작용에 관한 수력학, 그리고 유체역학을 배우게 된다.

욕에서 연애시로

언어의 영혼을 듣는 자
그들에게 세상은 세상의 본질을 드러낸다.

언어의 정신을 경험하는 자
그들에게 세상은 자유의 힘을 선사한다.

언어를 사랑하는 자
그들에게 언어는 언어의 고유한 힘을 빌려준다.
내 영혼과 정신이 언어의 정신과 영혼을 향할 때
나는 처음으로 사랑 안에서 내 자신을 온전하게 느끼게 된다.
– 루돌프 슈타이너

8학년 4월 초 학급회의 안건이 '언어를 순화하자'였다. 드디어 불
똥이 떨어졌다. 얼마 전부터 여학생들이 볼멘소리로 도움을 요청했다.
"요즘 남자애들이 욕을 너무 많이 해요. 선생님, 좀 못 하게 하세요!"
어머나! 이른바 외계인도 무서워하는 중2 남학생들의 뇌관을 건드

리라고? 가뜩이나 살얼음판을 걷는 것처럼 서로가 은근히 눈치를 보며 마지막 한 해 유종의 미를 거두기 위해 조심하고 있는 실정이다. 햇볕 정책이 답이다. 나그네 옷을 벗기는 것은 차가운 바람이 아니라 훈훈한 햇살이었던 것처럼! 일단 적극적인 대응은 하지 않고 지켜보기로 했다.

사춘기가 되자 아이들은 더는 나와 키 재기를 하지 않았다. 웬만하면 모두들 내 키를 훌쩍 넘어섰고, 남학생들은 한두 명 빼고 모두들 7학년 때부터 변성기가 시작되어 목소리도 변화무쌍했다. 덩치들이 커져서 새로 옮겨간 제법 큰 교실마저도 꽉 차서 공간의 여유가 느껴지지 않을 정도였다. 여학생들도 보고만 있어도 흐뭇할 정도로 예뻐지고 8학년이 되어서는 남자아이들에 비해 누님처럼 의젓해지고 내면도 여물어갔다.

그럼에도 전반적으로 몸의 성장만큼 마음과 성정을 조절하는 힘들은 더디어서, 불과 같은 감정들을 흥분과 격정으로, 혹은 투정으로 쏟아내다가도, 언제 그랬냐는 듯 물 같은 친밀함과 유쾌함을 보이며 불과 물속을 오고 갔다. 말랑말랑한 몸과 마음으로 선생을 따르던 녀석들이 눈빛에 힘이 들어가고 제 생각들을 서슴없이 표현한다. 고집스럽게 자기들의 개똥철학을 주장하며 오히려 자신들을 설득하고 납득하게 해달란다. 충고 따위는 필요 없다. 자신들 마음 깊은 곳에서 우러나오는 동기와 의지만이 무거워지는 몸을 움직이게 한다.

왜 욕을 하면 서로가 불편해지는 상황이 만들어지는지 아이들 스스로 깨닫게 해줄 수 있을까? 아이들의 가슴을 움직여 욕을 향기 나는 언어로 바꾸려면 어찌해야 할까?

6학년 때까지만 해도 아이들은 욕이 호환마마인 양 장난으로라도 들릴라치면 화들짝 놀라며 알아서 삼갔다. 7학년에 고대하던 새 친구들이 전학을 왔다. 일반 학교와 다른 대안학교 경험이 없는 친구들에게 욕은 그리 낯선 것이 아니었고, 마침 세상에 대한 호기심, 논리와 이성으로 해결이 안 되는 막다른 감정들을 욕으로 쏟아내고 싶었던 아이들의 요구가 이 새 친구들과의 만남을 통해 분출되었다. 음지에서 슬슬욕을 하기 시작했다. 끼리끼리, 통하는 아이들끼리, 조심조심. 아직 과감해지지는 않았다. 하지만 한두 번씩 했던 욕들이 자연스럽게 입에 붙기 시작했나 보다.

8학년에 올라와서는 쉬는 시간, 저희들끼리 하는 대화에 욕이 과감하게 등장했다. 여학생들이 얼굴을 찌푸리며 눈을 흘겨도 눈도 꿈쩍않았다. 직접적으로 "욕하지 말자!"고 권유도 하고 큰소리도 냈다. 그러나 오히려 욕이 되돌아오는 일이 벌어졌다. 그리하여 이 문제가 학급회의 안건으로 올라오게 된 것이다. 공교롭게도 학급회의 토론 양상이 뜻하지 않게 남녀 대결 구도로 진행되어 위험스러웠다. 나는 조마조마한마음으로 이 상황을 지켜보았다. 여학생들이 똑부러지게 먼저 자신들의 생각과 느낌을 풀어놓았다.

"욕을 하면 불쾌하다. 욕하는 사람이나 듣는 사람이나 양쪽 모두존재 가치를 떨어뜨린다."

그러자 남학생들이 방어하듯 답한다.

"욕에 진심을 담는 것은 안다! 불쾌한 걸로 따져보면 너네 여학생들의 뒷담화에 더 상처받는다. 표현 방식이 다른 거다!"

"왜 진심이 아닌데 욕을 해서 더 기분 나쁜 상황을 만들어가냐? 너무 듣기 거북하다. 하지 말아 달라."

　남학생들의 욕과 여학생들의 뒷담화의 시비로 몇 번의 공방이 오고 갔다. 남학생들이 문제의 핵심을 이해하고 받아들이기보다는 감정적이고 유아적인 태도로 강하게 반박하자 교실이 싸움판이 되어갈 지경이었다. 내가 나서야 할까? 짧은 순간 고민했으나 엄연히 내가 낄 자리가 아니었다. 아이들이 싸워서 뛰쳐나가든 논의의 방향을 잘 잡아 합의하고 마무리짓든, 믿음을 가지고 지켜보는 게 내 몫이다. 아이들이 어떻게든 스스로 해법을 찾는 훈련의 장이어야 한다. 삐치고 화를 낼지언정 아이들은 진지했다. 여학생 하나가 차분하게 감정을 누르고 자기 경험을 이야기하면서 다시 논의가 이어졌다.

　"여학생이 남학생에게 일방적으로 욕을 하지 말라는 게 아니라 우리 반 전체가 욕을 하지 말자는 거다. 우리 반의 문화를 위해 자제하자. 욕 자체에 대해 얘기하는 거지 편 가르는 게 아니다. 앞에서 하든 뒤에서 하든 듣는 사람의 입장을 생각해서 욕을 하지 말자."

　이렇게 물꼬를 트자 격한 물길이 잠잠해졌다.

　"우리 자신을 위해 좋은 환경을 만들자."

　"욕은 한 번씩 하게 되면 너도나도 모두 하게 된다. 우리끼리 좋은 말만 해도 모자랄 판에."

　"욕은 의미 없는 말이 아니다. 말을 하면 의미가 함께 나간다."

　"욕에 대한 감각이 무뎌져 간다."

　"습관이 되니 의식적으로 줄여야 한다."

　걱정했던 학급회의가 훈훈하게 마무리되었다. 손 안 대고 코를 풀었달까, 흐뭇하기 짝이 없다. 아이들이 자랑스럽다.

우리는 어찌 됐든 욕의 부정적인 면 때문에 살짝 몸살을 앓았지만, 이를 기회로 언어로서 욕의 객관적인 얼굴들, 사회적 기능, 욕 속에 감추어진 사람들의 사연들을 마음 열어 공부할 수 있을 만큼 자랐다. 사실 수치심을 갖게 하는 쌍욕도 있지만, 찬밥 신세여도 사람살이의 지혜와 재치가 담긴 거짓 없는 맨얼굴의 욕도 있다. 김열규 선생님의 말씀처럼. 우리를 웃게도 만들고, 마음의 약이 되기도 하고, 정신의 침이 되기도 하며, 약자들에게 위로가 되어주는 말이기도 하다.

어쩌면 욕은 사춘기 아이들에게 가장 매력적인 언어일 수 있음을 깨닫는다. '불 붙는 언어, 칼날이자 창날'이 되는 이 언어들이 무엇을 품고 있는지, 왜 그리 표현되어야만 하는지를 배움으로 연결해보자! 8학년 국어 수업의 주제가 자연스럽게 결정되었다.

언어학적으로 우리말을 살펴보자. 한글의 조음 원리와, 소리의 변화와 관련된 문법들, 맞춤법과 띄어쓰기를 마지막으로 확인 점검, 올바른 의사소통 도구로써 표준어와 방언들, 다양성을 살린 언어 생활의 변화 발달과 거기서 파생되는 언어 오용, 문학 작품을 통해 풍부한 우리말 어휘 살펴보기 등등. 아이들의 상황으로부터 이렇게 배울 것들이 쏟아져 나온다.

해야 할 것도 많고 배울 것도 많은 이 청춘들 가슴 한 구석이 일상에 눌려 딱딱해지고 무거워진다. 욕과 대조되는 달콤하고 향기로운 언어의 향연도 필요하지 않을까? 욕으로 인해 여학생들과 남학생들이 날카롭게 경계선을 긋기도 했지만, 7학년 때까지만 해도 서로서로 썬크림과 핸드크림을 챙겨주며 얼마나 사이가 좋았는지 나는 내심 섭섭하고 질투심도 느꼈었다. 함께 마음을 모아 치러야 할 8학년의 큰일도 많으니 다시 호호하하 정겨운 분위기로 만들어야 할 텐데, 어찌할까? 거친 말들 뒤에 숨어 있는 수줍고 푸릇푸릇한 마음들을 자연스럽게 끄집어내 주려면 무엇이 필요할까?

연극 수업 시간에 다양하게 즉흥극을 해보는데 무척 재밌다. 즉흥극은 미리 계획하지 않은 상태에서 돌발적인 상황에 적절하게 대응하고 이야기를 만들어가는 연습으로, 엄청난 집중과 몰입을 해야 하는 아주 도전적인 활동이다. 연습이 거듭되자 아이들의 놀라운 기지와 감각들이 유감없이 펼쳐진다. 상대방과 대사와 동작을 능청스럽게 주고받으며 호흡이 맞아들어 간다. 그렇게 연습했던 것 중 하나로 두 사람이 대화를 나눌 때 ㄱ, ㄴ, ㄷ, 자음의 순서대로 대사를 받아치며 연기를 해야 하는 활동이 있다.

예를 들면 이런 식이다.

배우 1: 거짓말! 그런 말 한 적 없잖아요.

배우 2: 난 분명히 사흘 전에 말했어요.

배우 1: 당연히 당신은 그런 식으로 이유를 대겠지요!

배우 2: 라면으로 점심을 때울 때, 그때 분명히 말했어요!

아이들은 당황하지 않고 제법 대화를 만들어 나갔다. 말도 안 되는 낱말들이 등장했고, 배를 잡고 깔깔대고 웃으며 장난스런 상황도 만들어보고, 진지하게 맥락이 맞아떨어지는 장면을 연출하기도 했다. 정말 재밌는 작업인데, 이 활동을 글로 표현해볼까? 해서, 시도해보았다.

우리가 이몽룡과 성춘향이 되어서 연서를 써보는 걸로! 일명 ㄱㄴ ㄷ시. 연애시를 써보자 했다! 말을 꺼냈을 땐 야유와 저항, 뭐 그런 걸 하냐고 드세게 거부했지만, 열심히 설득해서 아이들의 동의를 받았다. 히죽히죽, 또는 심각하게, 공책을 붙들고 씨름하더니만, 드디어 22개의 멋들어진 연애시들이 나왔다. 어쩜, 내숭쟁이들, 연애를 수없이 해본 사람들처럼 어찌나 절절하고 아름다운 표현들이 절로 나오는지. 아이들도 놀라고, 나도 놀랐다!

저 친구에게 저런 감성이 있었단 말인가? 상상도 못했던, 요만큼도 눈치 못 챘던 감성의 결들이 드러났다. 발표하면서, 몰랐던 친구들의 모습을 서로 발견하며 아이들은 즐거워한다.

"○○가 저런 사람인 줄 몰랐어. 다시 봐야겠는데!"

반 모임에서 부모님들께 소개하니 다들 배꼽들을 잡는다.

"내 아이가 언제 이렇게 컸는지 모르겠다."

"마냥 개구쟁이 아이라고만 생각했는데…."

"어머, 얘가 누굴 닮아 이렇게 느끼해?"

"우리 몰래 연애하나 봐요."

또 이렇게 아이들의 성장을 문득 조우한다.

22개의 걸작 중 몇 편을 골라보았다.

이몽룡이 되어 성춘향에게 쓴 시(1)

ㄱ: 광한루에서 처음으로 그대를 만난 날

ㄴ: 나는 너무나도 떨렸지요.

ㄷ: 덜덜 떨리는 내 모습 보고 사람들은 춥냐고 물었지요.

ㄹ: 랄랄라 노래를 부르며 잊으려 했지만

ㅁ: 매화를 닮은 청초한 그대 얼굴을

ㅂ: 바라보기만 해도

ㅅ: 소름이 돋도록 기쁘고 설렜소.

ㅇ: 어떤 천하일색이라고 해도 내겐

ㅈ: 장미 같은 당신이 가장 소중해요.

ㅊ: 찰랑거리는 그대 머릿결 생각하며 나 혼자 미친 사람처럼

ㅋ: 킬킬킬 웃지요 너무나도 당신을 보고 싶어

ㅌ: 타들어가는 내 마음 전하기 위해 비 오는 여름밤에 먼지

ㅍ: 폴폴 풍기면서 달려갑니다.

ㅎ: 한번 꼭 만나보고 싶소.

성춘향이 되어 이몽룡에게 쓴 시(1)

ㄱ: 그네 앞에서 만난 날을 기억하나요?

ㄴ: 나의 심장 소리로 온 세상이 채워졌어요.

ㄷ: 두근두근대는 나의 마음이 그대에게 전해지면

ㄹ: 라일락 향기처럼 그대의 품속으로 쓰러지고 싶어요.

ㅁ: 미치도록 그리워요 당신

ㅂ: 바보같이 오늘도 당신의 생각이고, 당신의 이름만 불러요

ㅅ: 사랑이란 말로는 도저히 표현할 수 없는 이 감정

ㅇ: 이 마법 같은 당신의 목소리, 그대를 처음 만났을 때 들렸던

ㅈ: 종소리가 나의 마음을 흔들어요.

ㅊ: 차가운 겨울에 따뜻한 봄 햇살이 비치는 듯

ㅋ: 칼날 같은 너의 마음속에서 헤매고 있는… 아, 당신만 생각하면 내 마음은

ㅌ: 탄산처럼 부글부글 끓어오릅니다.

ㅍ: 폭풍 치는 나의 마음에 살며시 스며들어 온 그대,

ㅎ: 혹시 당신도 나에게 마음이 있나, 묻고 싶습니다.

이몽룡이 되어 성춘향에게 쓴 시(2)

ㄱ: 고백하오.

ㄴ: 나, 이몽룡, 지금부터 춘향 그대를 검은 머리 파뿌리 될 때까지

ㄷ: 달팽이가 걸어 지구를 한 바퀴 돈 뒤

ㄹ: 로마에 갈 때까지 사랑할 것을 이 자리에서 고백하오.

ㅁ: 마지막까지 나의 사랑을 받아들이지 않는다 해도

ㅂ: 바람에 휘날려 다른 남자한테 마음을 준다 해도

ㅅ: 세상이 날 버린다 해도 내가 세상을 다 가진다 해도

ㅇ: 아름다운 그대를 향한 나의 마음은 변치 않을 것이라 다짐하오.

ㅈ: 자신 있소. 그대만을 바라볼 것이라는.

ㅊ: 차디찬 바람이 몰아쳐도

ㅋ: 칼날이 내 심장을 겨눈다 해도

ㅌ: 태풍이 내 모든 것을 앗아간다 해도

ㅍ: 파란 바다에 그대를 그리며

ㅎ: 하늘같이 드넓게 그대를 사랑할 것을 약속하오.

성춘향이 되어 이몽룡에게 쓴 시(2)

ㄱ: 가만히 있으려니 자꾸 도련님의 모습이 생각납니다.

ㄴ: 나를 향하는 눈길을 생각하다 온몸이 녹아버리는 것 같습니다.

ㄷ: 단순히 기분 탓인가요?

ㄹ: 라일락 향기처럼 그대의 모습이 저의

ㅁ: 마음속에 배어듭니다.

ㅂ: 바람이 불면 저의 마음도 도련님께 날아갈 것 같습니다.

ㅅ: 살랑살랑 그대 모습, 바람과 함께 저를 간지럽히네요.

ㅇ: 아른거리는 도련님의 모습에

ㅈ: 저 혼자 얼굴 붉히네요.

ㅊ: 차례차례 꽃잎 피며, 꽃잎 하나하나에 도련님께 보내는 눈빛, 대신
   보냅니다.

ㅌ: 커지고 커져 이제 다시 주워 담을 수도 없는 제 마음

ㅌ: 태양이 도련님만 비추는 듯합니다.

ㅍ: 파도치듯 넘실대는 제 마음

ㅎ: 하루 이틀 그 마음 깊어져만 가네요.

이몽룡이 되어 성춘향에게 쓴 시(3)

ㄱ: 그대를 처음 본 그 순간

ㄴ: 나는 느꼈소.

ㄷ: 당신의

ㄹ: 라일락 향기와

ㅁ: 매혹적인 눈빛이

ㅂ: 바로 나를

ㅅ: 사로잡을 것이란 걸.

ㅇ: 이기적으로 관능적인 눈빛이 나를 스쳐갈 땐, 마치

ㅈ: 제노사이드커터를 맞은 것만 같았다오.

ㅊ: 초범은 아닌 듯해요 그대.

ㅋ: 칼로 맞은 듯 아파오니 그대를

ㅌ: 특급 상해죄로 체포하겠소.

ㅍ: 평생의

ㅎ: 형량을 내 곁에서 채워주시오.

재기발랄한 아이들 글을 읽다 보니 나도 마구 써보고 싶어진다.

내게 이몽룡이기도 성춘향이기도 한 아이들의 글을 흉내 내어 내 마음
을 고백해보았다.

8학년 여러분께

ㄱ: 가진 것이 많지 않아 늘 조바심을 냈습니다.

ㄴ: 내 곁에서 나를 '선생'이라고 부르는 22명의 아이들에게

ㄷ: 더 많이 가르치고 줘야 한다는 무거운 책임감으로

ㄹ: 룰루랄라~ 그리도 유쾌하고 밝은 내 천사 같은 아이들의

ㅁ: 마음을 짓누르고 상처를 주지는 않았는지,

ㅂ: 보는 것만으로도 가슴이 철렁할 만큼 아름다운 내 아이들에게

ㅅ: 사랑한다는 이유만을 앞세워

ㅇ: 여리고 투명한 우리 아이들의 영혼을 함부로 대하지는 않았는지,

ㅈ: 자책하며 돌아보게 됩니다.

ㅊ: 충분히 보듬어주고 격려해주어도 허기져 하고 갈증 내는 내 아이
들에게

ㅋ: 칼날처럼 매섭게 몰아붙이며 그들의 힘을 못 미더워했을까요

ㅌ: 타는 듯이 가슴이 아파옵니다

ㅍ: 파도처럼 밀려오는 아이들의 눈빛과 따뜻한 마음들이

ㅎ: 한없이 보잘것없는 한 교사를 성장하게 합니다.

내가 사랑하는 시

'내가 사랑하는 시'는 8학년 재량 시간에 했던 수업 제목이다. 학기 초부터 굵직한 주기집중 수업들에다 개별적으로 완성하고 책임져야 하는 프로젝트 발표 등으로 제법 빡빡하고 긴장되는 날들이었다. 지금까지보다 양과 깊이가 한층 더해진 수업들과 조금은 다르게 부담 없이 호흡할 수 있는 수업이 필요했다. 그래서 7학년 때의 독서토론과는 다르게 자유로운 분위기에서 시 감상 시간을 가져보기로 했다.

아이들과 내가 각자 좋아하는 시들을 찾아서 모두에게 소개하는 방식으로 진행했다. 한 시간에 한 명씩 각자가 시를 고르게 된 배경과 시에 관한 짤막한 정보를 발표했다. 그러고 나서 질문과 서로 다른 감상들을 이야기 나눈 후 정성껏 공책에 시를 옮겨 쓰고 자기만의 단상을 써보았다. 역시나 아이들이 고른 시에는 아이들 각자의 개성이 고스란히 담겨 있었다. 아이들의 겉모습에서 알아채지 못했던 깊은 속내가 그려져 있었다. 친구들이 고른 시에 흔쾌히 감동해주기도 하고, 미처 생각지 못했던 숨은 뜻을 날카롭게 보는 비평가 노릇도 톡톡히 해낸다. 오히려 내가 22가지의 이유가 들어 있는 다채로운 풍경과 정취를 음미하는 특별한 시 수업을 들은 셈이었다.

아이들이 나름대로 시를 가까이 하고 맛볼 줄 알게 된 이유는 1학년 때부터 수업 시간에 부지런히 수많은 시를 암송한 덕이 아닐까 한다. 발도르프학교에서 주기집중 수업은 담임교사가 100분간 진행한다. 이 수업은 커다랗게 세 개의 구조로 이루어진다. 첫 부분은 이른 아침에 등교한 아이들의 몸과 마음의 긴장을 풀어주고 전체 수업에 잘 참여해서 즐거운 배움이 이루어지도록 시와 노래, 리듬 있는 움직임들로 구성한다. 둘째 부분에서는 아이들의 상상력을 자극해서 집중할 수 있도록 주제에 관한 본격적 내용을 이야기와 그림으로 풀어내고, 셋째 부분에서는 배운 것들을 간단히 떠올리며 아이들 스스로 글이나 그림으로 정리하는 시간을 갖는다. 그리고 아이들에게 학년에 맞는, 또는 주기집중 수업과 연계된 이야기를 선물처럼 들려주며 마무리한다.

바로 이 구조 안에서 첫 번째 시간에 우리는 숱한 시들을 암송하는데, 저학년 때에는 시를 암송하면서 그 내용을 다양한 움직임으로 재미나게 표현해보았다. 해마다 봄, 여름, 가을, 겨울 계절에 따른 자연의 변화를 볼 수 있고, 시인의 아름다운 눈길로 매만져진 고운 우리말의 결이 살아 있는 시들을 만났다. 학년이 올라갈수록 시의 내용은 더욱 깊어지고 성숙해져, 아이들이 이해하고 읊을 수 있는 낱말이 풍성해졌다.

우리에게, 특히 내게 더욱 특별했던 것은 '여는 시'이다. 발도르프학교에서 담임교사들은 8년 동안 3주에서 4주간의 새로운 주기집중 수업을 해야 한다. 한 번도 똑같은 수업을 반복할 수가 없다.

'다음 생에는 반드시 발도르프학교 학생으로 태어나고 싶다.'

'나는 전생에 엄청 게을렀나 보다. 이 많은 공부를 할 뿐만 아니라

그걸 다시 한국 상황에 맞게 풀어서 학생들과 만나야 하니…'

　발도르프학교 교사들이 누구나 공감하며 농담처럼 하는 말들이다. 정말 버겁고 힘들다. 발도르프학교의 단 한 번도 반복할 수 없는 주기집중 수업은 우리나라에서 처음 시도하는 교육이어서, 독일과 영어권 나라에서 앞서 만든 훌륭한 교육 내용과 자료가 있다 해도 그것을 제대로 이해하고 소화하기 어려운 처지라 머리에 쥐가 날 정도로 고민을 해야 했다. 물론 한 해 한 해 수업 준비를 하면서 나 또한 엄청난 성장을 할 수 있었다. 교사인 내가 먼저 왜 이 과목을 이렇게 배워야 하는지 연구하고 소화해야만 아이들 앞에 설 수 있기 때문이다. 많은 질문이 생겨나고, 질문을 해결해가는 과정에서 아이들에게 그것을 어떻게 전해야 할지 방법이 떠오르고, 나도 몰랐던 새로운 앎에 환호하면서 아이들에게도 꼭 잘 가르쳐야겠다는 의지가 수업 준비의 부담을 기쁨으로 바꿔주기도 했다.

　이렇게 아이들에게 전할 내용을 구성하고 정리할 때 각 과목에서 떠올릴 수 있는 정신, 표면적인 정보나 지식 뒤에서 보이지 않게 우리의 가슴에 깊숙이 스며드는 메시지를 아우르는 시를 '여는 시'로 찾아놓아야 수업이 제대로 준비된 것이라고 나는 마음이 놓였다. 그래서 늘 내게 주문이자 기도인 각 과목의 '여는 시'를 마련하는 것이 큰 숙제였다. 과목의 내용에 어울리는 시를 직접 지어보기도 하고 찾아보는 일은, 좋은 수업을 만들기 위해 정성껏 기도 드리고 말 그대로 좋은 주문을 거는 것이나 다름없었다. 그렇게 만난 '여는 시' 가운데 정말로 내가 탄복하고 사랑하게 된 시들이 있다. 나만 알기에 아깝고 멋진 시들이어서 몇 편 소개해보련다.

　세상 속에서 자신의 존재를 알게 되고 세상과 자신의 관계를 궁금해하는 시간인 3학년에 아이들은 구체적으로 세상에서 살아가기 위한 배움, 의식주와 관련된 농사짓기, 집짓기, 수공업(다양한 직업)에 관한 주기집중 수업을 한다. 그 수업을 시작할 때 암송하고 주제를 다룬 후에 노래처럼 부르는 시들이 있다. 아이들은 쉬는 시간에도 저마다 나름대로 멜로디를 만들어 손짓을 섞어가며 그 시들을 흥얼거렸다.

농사짓기 여는 시

농부가 도랑을 파고
땅을 일구어 씨를 뿌립니다.

날마다 씨앗들은 햇볕과 달빛을 받고
비와 바람을 맞으며
따스한 흙의 품안에서 무럭무럭 자랍니다.

자라난 씨앗들은 천 배 만 배 곡식으로 영글어
누렁소랑 돼지랑 닭이랑
사람들 모두를 먹여 살립니다.

씨앗을 품어 키워준 땅과 흙에

똥과 오줌을 되돌려 기름지게 하고
편안하게 쉬도록 고마움을 전합니다.

해, 달, 별, 물, 흙, 비, 바람
모두의 사랑으로 하나 되어
온 생명이 살아갑니다.

집짓기 여는 시

대지와 하늘은 우리의 커다란 집.
바닥은 땅,
지붕은 별이 빛나는 둥근 하늘.
우리는 이 집에
세상 모든 사람과 함께 삽니다.
사람의 몸을 보아요.
이보다 더 아름다운 집은 어디에도 없습니다.
하느님이 우리가 살 몸을 주셨습니다.
지붕이라는 머리는 안에 있는 우리를 보호하고,
벽이라는 피부는 그 속에 우리가 머물 곳이 됩니다.
창문이라는 눈을 통해 우리는 세상과 별이 빛나는 하늘을 보고,
기둥이라는 다리로 우리의 집은 곧게 섭니다.
우리의 집은 온통 빛으로 환하고 따스합니다.

농부

우리는 농부
사람들이 세 끼 따스한 밥을 먹을 수 있는 건
모두 우리 덕분이라네.
동이 터서 날이 저물 때까지
땅이 녹아 찬바람이 불 때까지
쉬지 않고 일한다네
볍씨가 푸른 모 되고
황금빛 벼로 자라
밥상 위의 흰 쌀밥이 되도록
비바람, 해님을 벗 삼아
부지런히 일한다네

침선장이

우리는 침선장이
사람들이 고운 옷 입고 몸을 보호할 수 있는 건
모두 우리 덕분이라네
자로 재고 가위로 잘라
옷감을 마름하고
바늘귀에 오색실 꿰어

한 땀 한 땀 바느질하고
인두로, 다리미로 구김 펴고 모양 잡아
갖가지 옷을 만든다네.

대장장이

우리는 대장장이
사람들이 편리한 연장을 사용할 수 있는 건
모두 우리 덕분이라네
활활 타오르는 화덕에
무쇠를 달구고
쨍! 땅! 쨍! 땅! 쨍! 땅!
쨍그르르
무거운 쇠망치로
박자 맞춰 모루 위에 다듬고
치이익, 물속에 담금질해서
무딘 날 벼리어 단단한 쇠를 만든다네
쉼 없는 풀무질 소리
그칠 줄 모르는 땀방울
대장간은 경쾌한 노래가 넘쳐난다네.

4학년 때에는 동네학 수업을 한다. 동네학은 지리와 역사 수업의 시작이라고도 볼 수 있는데, 이 나이 때 아이들은 비로소 자신이 살고 있는 장소와 시간에 관해 호기심을 가지고 이해할 수 있는 바탕이 마련된다. 내가 살고 있는 여기가 어디인지 방향을 가늠해보고, 아버지와 할아버지 때 이 장소는 어떤 모습이었고, 그분들은 어떤 경제활동을 하며 살아왔는지, 또 앞으로는 이 곳의 삶이 어떻게 변화할지를 직접 발로 찾아다니며 알아가는 수업이다. 이 수업을 통해 배우고자 하는 내용에 아주 걸맞게도, 우리 땅에서의 우리네 삶을 한 폭의 그림처럼 구수한 우리말로 노래하는 시가 있다. 내가 미처 전하지 못하는 이야기와 느낌을 고스란히 표현해주는 고맙고 멋진 시다.

섬진강 13
———
김용택

푸른 하늘
그 아래 청산
강이 있어 바라보고
그 강 언덕 산자락에
사람들이 모여
물 나고 빛 좋은 곳 터를 잡아
영차영차 집을 짓고
힘써 논과 밭을 만들고

철 따라 꽃 피고 지고
씨 뿌려 거두는 것같이
자식들을 늘려
동네를 이루어 살았으니
그게 몸과 마음 둘 땅이었더라.
강으로 가는 길을 두고
산에 길이 열렸으니
사시장철 흐르는 물이 맑았더라.
어디로든 길을 따라
사람들이 오고 가니
이 동네 저 동네
막힌 길이 없어
소와 쌀을
베와 쌀을 바꿔 썼더라.
앞산 뒷산 길을 따라
사내들이 나무 가고
집안에서 아낙들이 길쌈하여 베를 짜고
집짐승들 제 살붙이처럼 기르고
강으로 처녀들이 물 길러 오고
총각들이 나무하여 강 건너오다
처녀 총각 눈이 맞아
소쩍새 이 산 저 산 울면

달 뜬 강변에서
강물을 황홀하게 바라보다
꽃등을 밝혀
한 집안에 사렴
앉아 지심 매고
서서 땅을 파면
콩 심은 데 콩 거두고
팥 심은 데 팥 거두고
땅의 임자로 오붓하게 살았으니
누가 보기에도 좋았더라.

비 묻어오는 골짜기는 우골이요
복사꽃 피는 앞산은 꽃밭등
큰 골짜기는 큰골이요
작은 골짜기는 작은골
절이 있으면 절골이라.
밭이 평평하면 평밭이요
논이 버선 모양이면 버선배미
배 뜨면 뱃마당
달 뜨면 달바위
벼락 맞은 바위는 벼락바위
쏘가리가 많으면 쏘가리 방죽

앞산이 길어서 동네 이름이 긴뫼라
사람들이 부르기 편하게 진매로 되었는데
일본놈들이 긴 장자에 뫼 산이라
장산으로 고쳐 버렸더라, 아무튼
이렇게 저렇게
누가 지었는지 모르게
그 생긴 모양대로
이러저러한 이름이 생겨
사람들이 살 비벼 살며
곳곳에 사연과 이야기가, 내력이 보태져서
입에서 입으로 전해지니
우리 집 식구들이 어디로 일 나간 것도
쉽게 찾겠더라.
(…)

8학년 기상학에서는 날씨를 이루는 기본 요소인 빛, 공기, 물이 서로서로 맺는 관계와 상황 속에서 생겨나는 다양한 기상 현상과 그것이 인간의 삶에 미치는 구체적인 영향을 공부한다. 전선과 기단, 구름 등이 변화시키는 다채로운 하늘의 표정을 웅장하고 역동적으로 표현하는 시 한 편이 있다.

서풍의 노래

퍼시 비시 셸리

네가 흘러가면 드높은 하늘에 소란이 일어,
흩어지는 구름이 대지의 썩어가는 낙엽처럼,
천공과 대양의 얽힌 가지에서 흔들리고,

비와 번개의 사자들이여, 하늘거리며 밀려드는
네 푸른 얼굴 위엔, 어느 사나운 무녀(巫女)의
치솟은 눈부신 머리칼처럼,

희미한 지평선 언저리에서
하늘 끝닿는 데까지,
다가오는 폭풍우의 머리채가 휘날린다. 너,

저무는 한 해를 노래하는 만가에, 이 깊어가는 밤은
한데 뭉친 네 수증기의 힘을 한껏 머금어,
둥근 천장의 거대한 무덤을 이룰지니,

그 수증기가 응고된 대기로부터
검은 비와, 불과, 우박이 터져 나오리니, 오, 들어보라!

그 응고한 대기로부터,

새까만 비와, 불길과, 우박이 터져 나오리라. 오, 들어보라!

마지막으로 8학년 지리 수업은 여러 과목을 유기적으로 통합해서 전체적인 시각으로 마무리할 수 있는 훌륭한 과목이다. 앞서 공부했던 기상학을 바탕으로 6학년의 광물학, 식물학을 연결하고 인간의 역사와 문화를 곁들여서, 앞으로 아이들이 살아가야 할 삶의 무대인 지구의 모습에 관해 공부하는 수업이다. 지구의 운명을 결정할 수 있는 열쇠를 가진 인류가 어떤 마음과 태도를 가져야 하는가를 가슴 절절하게 전해주는 시애틀 추장의 글이, 내가 사랑하는 보석처럼 빛나는 마지막 시다.

세상의 다른 이름

시애틀 추장

(…) 만약 우리가 우리의 대지를 판다면, 그 공기가 우리에게 소중한 것임을, 그 공기가 모든 생명에 숨결을 불어넣어 살아 있게 하는 것임을 기억해야 한다. 우리의 할아버지에게 첫 숨을 주었던 바람은 할아버지의 마지막 숨 또한 거두어들였다. 그 바람은 우리 아이들에게도 생명의 숨결을 준다. 그러니 만약 우리가 우리의 대지를 판다면, 사람들이 초원에 만발한 꽃으로 부드러워진 그 바람의 향기를 맡으러 갈 수 있는 곳으로, 그대들은 그 대지를 따로 신성하게 보존해야 한다.

우리가 우리 아이들에게 가르친 것을 그대들 또한 그대 아이들에게 가르칠 터인가? 대지가 우리의 어머니임을. 어머니 대지에 일어나는 일이 대지의 모든 아이들에게도 일어난다는 것을.

이것을 우리는 안다. 대지가 인간의 소유물이 아니고, 인간이 대지의 소유물임을. 만물은 우리 모두를 묶어주는 피처럼 서로 연결되어 있음을. 인간은 생명의 그물을 짜지 않았고 그저 그 안의 한 가닥 줄일 뿐임을. 인간이 그 그물에 행하는 것은 무엇이든 자신에게 행하는 것임을.

우리는 하나만 알 뿐이다. 우리의 신은 또한 그대들의 신이다. 대지가 그 신에게 소중한 것이니 대지를 해치는 것은 그 창조주를 욕보이는 것임을.

무대라는 공간에서 '예술'로 경험하는 배움의 세계

티코와 케플러의 무덤 앞. 레지나와 수잔나는 케플러의 무덤 앞에서 이
야기를 나눈다.

제프의 등장

레지나: 용서해 줄 거야?

제프: (오렌지를 꺼내 들며) 아가씨가 이것을 드신다면요!

모든 인물이 한 명씩 등장하여 첫 곡 〈태초에〉를 반복해서 함께 부르
며 막이 내린다.

하루 두 번, 이틀 동안 총 4회의 8학년 마침 연극을 마치고 나니
연극을 하기 위해 보냈던 모든 시간들과 그 과정에서 일어났던 힘든 기
억마저 아름답기 그지없다. 대본에 대한 불만, 마음에 안 드는 역할, 생
각대로 되지 않는 연기, 온갖 불협화음들이 일시에 사라졌다. 아이들은
최고의 배우가 된 양 스스로를 자랑스러워했고 무대에 대한 미련과 아
쉬움마저 느꼈다. 우리가 가장 잘하는 것이 연극이었던 것처럼!

발도르프학교에서 8학년은 프로젝트(연구 주제) 발표와 연극하기로

그동안 담임 과정에서 익히고 배운 것을 밀도 있게 종합해서 마무리하고 상급 과정으로 올라갈 수 있는 준비를 한다. 8학년 연극은 그 한 해 동안만 준비해서 할 수 있는 작업이 아니다. 발도르프학교에서는 학년별로 각 과목들을 유기적으로 연계하여 수업을 구성한다. 학년마다 학생들의 발달 상황에 따라 무엇을 배울 것인지, 꼭 다루어야 할 내용은 무엇인지 전체적으로 가늠하면서 각각의 과목들을 종으로 횡으로 관계 지어 아주 풍부한 수업이 되도록 구성하는 것이 정말 큰 과제다.

8년을 준비하는 8학년 연극

8학년 연극은 8년 동안 여러 수업 안에서 연극적 요소들(읽기-대본 이해하기, 말하기, 움직임)을 가랑비에 옷 젖듯이 꾸준히 연마해온 결과다. 멀리 8학년 연극을 내다보며 1학년 꼬마들에게 연극적 요소들의 수업을 어떻게 시작해서 맛보게 할 것인가? 말하고 읽기(이해하기)는 국어 수업의 중요한 내용이기도 하다. 그래서 주기집중 수업 안의 리듬 활동 부분에서 시 암송, 소식 전하기, '꼬임말'이나 아름다운 문장 소리 내서 읽기 등을 계속 연습하고 학년에 맞게 단계별로 심화, 확장한다.

저학년 아이들은 시를 외울 때도 무의식적으로 시의 내용을 떠올리며 손짓, 몸짓으로 자연스럽게 표현한다. 바로 이런 특징을 끄집어내고 다듬어서 재미난 놀이 형태로 연결하면 좋다. 우리 전래놀이 '여우야 여우야 뭐하니?' 같은 단순한 놀이에 온몸과 마음을 다해 집중해서 즐겁게 놀면 되는 것이다.

2학년이 되면 우화와 성인 이야기를 텍스트로 국어 수업을 하는데, 이 이야기들을 활용하여 조금 더 연극적으로 접근해볼 수 있다. 아이들은 그 이야기들을 좋아하기 때문에 아이들이 확실히 이해할 수 있는 대본은 쉽게 마련된다. 교실에 있는 색색의 천들과 단순하게 그린 가면을 가지고 모든 아이들이 서로 다른 역할들을 돌아가며 해본다. 역할을 맡아보는 초보적 경험을 해보는 것이다.

4학년이 되어 나름대로 규모 있는, 연극의 요소를 제법 갖춘 무대를 경험해 보게 되었다. 「우처구우러본」이라는 만주신화를 수업한 후에 연극으로 만들기 위한 기본적인 작업을 알아보았다. 연극을 하기 위해서 필요한 대본, 배우, 무대 등에 관해서 이야기해보고 구체적인 상을 떠올려보았다. 이야기를 대본으로 만들고, 등장인물들의 움직임을 지시하기 위해 지문이 필요하다는 것도 알게 되었다. 긴 내용의 글을 올리려면 막과 장이 있어야 했다. 실감 나는 무대를 만들기 위한 의상과 분장까지 판을 넓혀보았다. 그리고 판을 벌였다.

아이들은 부모님들이 만들어주신 의상을 입고 그럴듯하게 무대에 서려는 마음만 앞서고 있었음에도 하나같이 박수를 받겠다는 기대와 욕심을 보였다. 그래서 아이들은 자기가 하고 싶은 역할을 노골적으로 탐냈다. 배역을 결정하는 것부터 난항이었다. 모 아니면 도라고 주장하는 목소리 큰 녀석들, 속만 태우며 발을 동동 구르는 아이, 친구 편 들어주다 다투게 된 아이들. 굽이굽이 여러 고개를 넘어 배역을 정했다. 아이들은 이 과정에서 의견을 조율하고 양보하면서 일이 되도록 협력해야 하는 것을 배웠다.

내가 이 연극에서 과제로 삼은 것은 '말하기'였다. 한 배역을 여러 명이 맡아 대사를 코러스로 하고 인물의 성격을 노래로 표현하는 것이 대부분이어서 움직임으로 자연스럽게 연기하는 것은 무리였다. 대신에 관객들에게 대사를 또렷하게 전달하기, 천천히 또박또박, 큰 소리로 말할 수 있는 힘을 기르고 경험해보는 것이 목표였다. 아이들은 기대 이상으로 무대에서 빛났다. 아낌없이 호응해주는 관객들이 참 고마웠다. 악역인 예루리가 등장할 때마다 어린 동생들이 몰입해서 '나쁜 놈'이라고 추임새를 넣을 때는 무대 위의 아이들도 무대 앞쪽의 나도 '우리가 잘하고 있구나!' 하며 뿌듯한 눈짓을 교환했다.

과정은 고생스러웠지만 무대 위에서의 짜릿함, 집중해서 집중받는, 자신 있게 자신을 드러내 보일 수 있는 소중한 공부가 되었다. 이때부터 아이들은 미래의 8학년 연극을 은근히 기대하기 시작했다. 연극이 좋았고, 또 하고 싶은 활동이 되었다.

6학년이 되었다. 로마사를 다루는 역사 수업을 하면서 역사의 한 장면을 연극으로 체험해보는 새로운 도전을 하기로 했다. 셰익스피어의 『시저』에서 브루투스와 안토니우스가 설전을 벌이는 장면을 각색하여 최소한의 무대 장치와 배우의 힘만으로 관객들에게 설명해보자고 했다. 교사인 내게도 셰익스피어의 작품은 무척 어렵다. 길고도 긴 대사, 셰익스피어 특유의 유려한 문장, 어마어마한 비유와 묘사를 즐기기엔 우리 아이들이 어렸지만, 핵심 내용을 중심으로 아이들이 말하기에 적절하게 대본을 손보고 실제 수업에서 다루고 나서 연습을 시작했다. 두 인물의 입장을 살펴보고, 각 인물의 대사를 실감 나게 소화할 수 있는 방법을 토론했다. 두 인물을 여러 명이 나눠 맡아 이어달리기하듯 연기하도록 대본을 구성했다.

4학년 때의 성취감을 떠올리며 작업이 수월하리라 예상했지만, 아이들이 자란 만큼 다른 수준의 기대치가 있었다. 내용을 정확하게 잘 전달하는 것을 넘어서 설득력을 가지고 관객들이 귀를 기울이게 만들어야 했다. 지루하고 긴 대사를 재밌게 듣게 하기 위해, 대사에 생명력을 불어넣기 위해 또 다른 힘이 필요했다. 바로 '감정이입하기'.

자기가 맡은 인물이 되어보기가 쉽지 않았다. 머리로는 알겠는데, 정말 '그'가 되어 말하고 움직여보는 '몰입'이라는 것이 고작 6학년 학생들에겐 참으로 어려운 도전이었다. 몰입과 연기를 위한 체계적인 훈련도 받지 못한 어린 배우들에게 세련된 연기를 기대하는 것은 가당치 않다. 나 또한 초짜 연출가로서 놓치고 실수한 점이 많았다. 감정이입하고 몰입하기까지 기본적으로 연습해보아야 하는 여러 과정들을 충분히 안내하지 못했다.

버거운 도전을 하느라 교사와 아이들은 서로 날을 세우고 힘들어했다. 때마침 사춘기에 들어서고 있는 아이들에게 겁 없이 호통과 꾸지람을 날렸다. 주저앉아 우는 아이들도 있었다. "너희는 충분히 할 수 있는데 안 하는 거다! 시도조차 안 한다!" 하며 아이들 가슴에 대못을 박았다. 아이들이 삐딱선을 타는 데 좋은 빌미가 되었다. 그렇지만 선생의 호통에 마지못해 하면서도 아이들은 껍질을 벗어보려 노력했다. 그리하여 아이들은 그 연극에 진정성을 담아냈다. 연설문을 줄줄 읽어 내리지 않고 그들의 주장을 실제로 말하듯이 훌륭하게 전달했다. 박수갈채와 환호가 터져 나왔다. 그간 나와 아이들 사이의 불편했던 감정의 앙금이 녹아내렸다.

이후에 아이들은 영어 연극, 중국어 연극으로 기량을 쌓아나갔다. 그렇게 8학년 연극을 맞이했다.

나는 7학년 때부터 어떤 대본을 선택할지 고민이 많았다. 여러 방면으로 찾아보다 마침 천문학 시간에 배웠던 요하네스 케플러와 티코 브라헤가 주인공인 『별들의 노래』라는 대본을 얻게 되었다. 이 작품은 미국 발도르프학교 교사인 존 트레벌리와 머윈 루이스가 쓴 희곡이다. 대본과 함께 아름다운 음악이 곁들여져 있는 극이어서 더욱 매력이 있었다. 아이들이 반주며 노래며 충분히 소화하여 음악 기량까지 보탤 수 있을 것이었다. 주인공과 더불어 주변의 개성 있는 인물들을 아이들이 고르게 맡을 수 있도록 연극 지도를 맡은 이은서 선생님의 도움을 받아 각색을 했다.

천문학사의 위대한 두 인물의 인간적인 모습과 부잣집 망나니 아들과 질투심 많은 과부에 이르는 다양한 인간 군상이 등장한다는 점에서도 배울 거리가 많은 작품이었다. 멋들어지게 보여주기 위한 무대를 만드는 것이 아니라 연극을 준비하고 만들어나가는 과정에서 아이들이 성장하고 스스로를 치유할 수 있는 시간이 되자고 다짐했다. 그래서 6학년 때의 교훈을 돌아보며 연말 공연 날까지 10개월여를 차분히 준비하고 연습할 계획을 세웠다.

8학년 연극 〈별들의 노래〉

그리하여 1학기에는 주로 '배우로서 몸 만들기'를 위한 연습을 했다. 말하기, 발성을 염두에 둔 활동, 집중하기, 소통하기, 협력하기를 위한 움직임, 즉흥극을 연습했다. 대부분 놀이와 게임처럼 진행이 되어 아이들이 훨씬 쉽게 자신을 드러내며 참여했다. 수줍음과 어색함을 던져버리니 제법 자연스럽게 연기가 된다. 친구와 마주 보고 뭘 하자니 웃음이 터져서 낭패였는데 조금씩 호흡이 맞아 들어간다. 눈짓이 통하고 손발이 맞아 들어가니 합을 맞추는 재미까지 있다. 앞으로 할 연극이 더더욱 기대가 된단다. 모의 연극을 하면서 대본 분석, 무대 배경과 의상 기획하기, 연기 연습까지 일사천리로 훑었다.

드디어 2학기. 그동안 비밀로 했던 우리의 대본을 아이들에게 알려주었다. 다른 선택을 할 수 없을지를 놓고 약간의 불평과 술렁임이 있었지만 기꺼이 받아들였다. 그리고 작품을 이해하고 분석하는 시간을 먼저 가졌다. 케플러와 티코와 관련된 에피소드, 관련된 그림 자료, 두 인물을 좀 더 깊게 다룬 전기 등을 꼼꼼히 찾아서 공책에 정리했다. 이런 작업이 인물을 입체적으로 이해하고 연극의 배경을 이해하는 데 밑바탕이 되었다. 대본에 나타나 있지 않은 세세한 이야기들은 등장인물의 행동이나 감정을 잘 알 수 있게 도와주었다.

다음은 말도 많고 탈도 많았던 배역 정하기. 일단 나는 8년 동안 아이들의 성장 과정을 지켜보며 각각의 아이들에게 무엇이 과한지, 무엇을 보태야 하는지, 이를 위해 어떤 도전이 필요한지를 고려하며 연극 선생님과 함께 배역을 결정했다. 사춘기를 겪으며 자신의 정체성을 고민하는 아이들에게 자신에 대한 고정된 이미지를 바꿔볼 수 있는 기회를, 공개적으로 변화를 시도할 수 있는 기회를 갖게 해주기를 나는 바랐다.

배역을 발표하자마자 여기저기서 볼멘소리와 불쾌한 감탄사들이 터져 나왔다. "주인공을 바라진 않았어도 이런 역할을 해야 한다니…." 대놓고 어깃장을 놓겠다고 선포하는 아이들도 있었다. 개별 면담으로 설득하고 어르고 달래며 큰 산을 넘었다.

연습이 시작되었다. 배역에 대한 애정이 없는 아이들은 집중하는 연기 연습이 쉬이 이루어지지 않았다. 하지만 대사를 달달 외우고 장면 연습을 하기 위해 날마다 방과 후까지 남았다. 연극의 윤곽이 드러나기 시작했다. 자신들이 입을 의상을 수공예 시간에 스케치하고 스스로 할 수 있는 만큼 옷을 만들었다. 미술과 목공 시간에 무대 배경과 소품을 만들고 관객들에게 홍보할 포스터와 팸플릿과 초대장을 만들었다. 음악 시간에는 대본에 있는 합창, 중창, 독창 등 연주를 익히고 완성했다.

점점 공연 날이 다가오자 아이들은 마음이 바빠졌다. 더는 배역에 투덜거릴 상황이 아니다. 두 팀의 더블 캐스팅으로 굴러가는 연극인데다 살짝 경쟁하는 분위기도 있어서 아이들은 감정이 날카로워지기도 했다. 연습이 늘 생각대로 되지 않고, 만족스런 장면이 나오는 날도 드물고, 교사들의 잔소리가 많아지니, 아이들은 서로를 의식하며 잘하려다가도 하나둘씩 울거나 뛰쳐나가는 일이 벌어졌다.

완전히 나락으로 떨어지는 순간이었다. 이러다 과연 우리가 제대로 무대에 오를 수 있을까? 공연을 코앞에 두고 우리의 상황을 점검했다. 자아비판과 반성이 한차례 쏟아지고, 그래도 누구는 성실하게 노력한다며 친구들에 대한 칭찬으로, 우리 반은 원래 끼도 많고 능력이 많은 반이라는 연극 선생님의 격려로 다시 "으쌰으쌰" 남은 날 동안 최선을 다하자 했다.

폭풍이 지나가고 나서 처음부터 차근차근 다시 살펴보았다. '바가지 긁는 아줌마의 마음, 질투하는 아가씨들의 몸짓, 술주정하는 망나니에게 술병을 쥐여줄까 말까. 기력이 쇠한 노인의 걸음걸이는?' 아주 구체적으로 떠올리며 다시금 그 인물이 되어보는 것부터 연습했다. 내가 그 인물에 더 가까이 다가가고 사랑하게 되니 상대역과도 자연스러워지고 서서히 자신감이 생겼다. 아이들이 자발적이고 능동적으로 연습에 임하자 스스로 연출의 아이디어까지 내는 단계가 되었다.

자신들의 모습을 객관적으로 보게 되자, 변화를 시도하는 것이 아프고 힘든 일이 아니란 것도 보게 되었다. 나은 방향으로 변화되는 자신을 보며 기뻐하고 흐뭇해했다.

연극이 제자리를 찾아 나갔다. 아이들이 만들기 어려운 의상은 어머님들이 저녁마다 학교 수공예실에 모여 재봉틀을 돌려가며 한 땀 한 땀 정성껏 만드셨다. 재활용 가게에서 구한 낡은 옷들이 멋진 의상으로 탈바꿈했다. 게다가 날마다 아이들의 따끈한 저녁밥과 간식을 마련해주셔서 아이들의 배가 꺼질 날이 없었다. 모두들 참 자알 먹었다. 분장도 즐거운 과정이었다. 자유학교에는 8학년과 12학년의 마침 연극을 비롯해 학년별로 연극 공연이 많아 전문가의 도움 없이 분장을 직접 할 수 있도록 분장 선생님을 모셔와 배웠다. 10학년 선배들이 서로의 얼

8학년 연극 〈별들의 노래〉가 9개월여에 걸친 연습 끝에 드디어 무대에 올랐다.

굴에 분장 연습을 해본 후 우리 반 아이들에게 공들여 분장을 해주어 선후배 간의 정이 돈독해졌다. 선배들은 후배들 분장을 돕기 위해 연습을 지켜보며 진심 어린 조언도 해주면서 후배 아끼는 마음을 분장으로 선물한 셈이다.

그날이 오고야 말았다. 달팀, 별팀이 이틀간 두 번씩 새벽부터 나와서 분장을 하고, 머리를 만지고, 간단한 도시락으로 요기를 하며, 떨리는 마음에 리허설도 동선만 확인하고서는 마음을 진정시키느라 대기실 모습은 터지기 직전의 풍선 같았다.

떠들썩했던 객석이 조용해지고 극장에 어둠과 적막이 찾아왔다. 그러곤 서서히 무대의 조명이 밝아지며 연극이 시작되었다.

8학년 마침 연극은 수줍음, 두려움, 허위로 단단하게 둘러싸인 자신의 껍데기를 깨야 하고 타인들과 함께 호흡하고 마음을 모아 공동선을 추구하는 보편적인 인생 과제를, 열다섯 살 먹은 아이들이 무대라는 공간에서 '예술'로 경험하는 엄청난 배움의 세계였다.

8학년 마침 여행

청춘들의 가슴을 사로잡을 마법의 장소

우리 반은 여행을 그리 자주 다니지 못했다. 대부분 나 때문이었다. 아이 둘을 키우며 선생 노릇을 해야 하는 아줌마가 며칠씩 집을 비우는 일은 무척 부담스러웠다. 가뜩이나 방학 때도 연수와 회의로 아이들 곁에서 온전히 시간을 보내지 못했다.

6학년 때 학교에서 1박 2일 야영한 것을 제외하고는, 동굴 견학을 위해 정선에 다녀오고, 겨울에 학부모님들과 함께 태백산에 가서 비닐 부대로 눈썰매를 실컷 타고 온 것도 당일치기였다. 아이들과 내가 멀리 떠나 밖에서 잠을 자고 온 경우는 7학년 때 별을 보기 위해 화천의 천문대를 갔다 온 것이 전부다. 돌아볼수록 참으로 아쉬울 뿐이다. '좀 더 자주 자연으로, 낯선 곳으로 나가 아름다운 경험과 추억을 남겼더라면 아이들을 더 잘 알게 되었을뿐더러 실질적인 삶의 기술들을 익혔을 텐데…' 하는 소용없고 뒤늦은 욕심만 일어난다.

어찌 됐든 아이들은 선배들의 8학년 마침 여행을 보고 들으면서 자신들은 더 특별한 여행을 하리라며 무척 기대에 부풀었다. 나 또한 건강하고 알찬 여행을 준비하려고 7학년 2학기부터 틈만 나면 답사를 다녔다. 7박 8일의 경비는 미리미리 학부모님들께서 곗돈 붓듯 조금씩 마련하고 있었다. 편지지, 책갈피, 기하 카드, 쿠키 등 소소한 물품들을 만들어 빛 나누기(바자회)에서 팔기도 했지만, 수익금은 여행 경비로 하기에는 부족해서 모두 이웃과 나누는 데 쓰기로 아이들과 합의했다.

어디에 가서 무엇을 할 것인가? 이 청춘들의 가슴을 사로잡아 새로운 꿈을 꾸게 할 수 있는 마법의 장소가 과연 어디일까? 교실에서 배우는 지식을 생생한 현장에서 만나고 확인하려면? 구태의연한 안내인의 도움을 받지 않고 우리의 심장이 뛰도록 팔다리가 힘차게 움직여 머리가 밝은 빛을 경험하도록 하려면 어떻게 해야 하나. 여행 기간 동안 사고가 없어야 하고, 아이들이 아프거나 탈이 나면 안 되는데… 머리가 터질 듯이 고민거리가 밀려온다. 그러나 Let it be! 우리의 수호천사들이 함께하실 테니 걱정은 그만하고 재미난 여행이 되도록 준비하자. 8학년 마침 여행도 수업의 일부로서 그냥 놀러가는 것은 아닐뿐더러 8년간 맺은 아이들 서로간의 관계를 더욱 진하게 겪고 확인할 수 있는 기회이기도 하다. 크고 작은 부대낌에 유연하게 대응하려면 교사 또한 더욱 섬세하게 깨어 있어야 할 것이다. 그러기 위해서는 내가 지치면 안 되니 안 먹던 영양제도 꼭 챙기자!

자, 어디로 갈까? 역사와 지리 수업을 연결해보자. 우리나라를 최대한 횡단해볼까? 백제의 도시 부여를 거쳐, 고구려의 견고한 산성이 있는 단양을 지나고, 천년 신라의 고도 경주를 거쳐 불과 물의 섬 제주를 가자. 아이들이 자발적으로 각각의 공간에 관심을 가지고 탐색하고 발견할 수 있도록 보물찾기를 해보자. 'possible mission'을 주자!

그래서 우리는 출발하기 전 2주간의 여행 에포크(주기집중 수업)를 하면서 여행에 대한 전체적인 상을 잡고 방문할 지역들의 역사와 지리 환경을 다시금 짚어보았다. 여행에 대한 기대감에 들뜨고 설레는 마음을 여행에 대한 다양한 시각의 시들을 감상함으로써 조금씩 진정시켰다. 그리고 본격적으로 미션을 공개했다.

우선 부여에서의 과제는 5가지 중 2개를 선택하기로 했다.
① 성왕의 사비 천도에 관하여 10문장으로 요약하기
② 백제의 중요한 네 명의 왕을 찾아 간략하게 조사하기
③ 위례성 시대 움집을 조사하고 스케치하고 크기 가늠해보기
④ 일본이 백제의 엄청난 영향을 받았음을 알 수 있는 단서 3가지 이상 찾아보기
⑤ 백제의 중인에 속하는 오경박사의 집과 특징 조사하기

단양에서의 과제도 정했다.
① 온달산성 둘레, 넓이 구하기(단위는 몸을 이용할 것)
② 성을 스케치하며 축성법을 알아보기

경주에서는 첫째 날에 이렇게 하기로 했다. 무덤 순례를 오로지 걸어서(선덕여왕릉–신문왕릉–진평왕릉–김유신 묘–태종무열왕릉까지).

그리고 둘째 날에는 남산에 오른 자만이 풀 수 있는 것으로,

① 보물(지방유형문화재)찾기 – 조별로 증명사진 남기기

② 시대가 다른 불상 찾기 – 조별로 증명사진 남기기

제주에서는 첫날 서귀포 자연휴양림을 방문,

① 나무와 꽃 이름 10가지 찾아보기

② 촌철살인의 매력, 짧은 표현 속 깊은 의미, 하이쿠 짓기

　둘째 날 올레 10코스를 걸으면서, 쓰레기 줍기!(청정 제주를 우리 손으로!)

　셋째 날은 자유롭게 마음 편히 제주의 동쪽 둘러보기. 관광객 모드로 흠뻑 느끼기.

과제를 마주한 아이들은 기함을 하고 고래고래 소리를 지르기 시작했다. 하지만 과제 공개에 앞서 개인 준비물을 점검했고 모두가 합의한 것으로서, 필요 없는 것들 절대 사절이 있었다. 예를 들어, MP3, 게임기, 전자사전, 값비싼 물품, 쓸데없는 반항심, 불평, 투덜.

다치지 않도록 조심하는 마음, 선생님 말씀을 잘 따르겠다는 착한 학생의 마음을 앞세워 입을 다물도록(?) 했다. 미션이 첫 지역에서는 상당히 학구적인 데 비해 갈수록 쉬워지는 것은 여행 날짜가 지나면서 쌓이는 여독을 고려한 선생의 깜찍한 배려라는 걸 학생들은 아실까나?

단양 온달산성에 올라 아이들은 환호성을 질렀다.

어려서부터 아이들의 감각이 온전하게 발달할 수 있도록 아이들을 TV, 휴대폰 등 전자 매체에 무분별하게 노출시키지 않도록 부모님들과 합의를 한 터였다. 그러나 현실에서는 전자 매체가 너무도 노골적으로 아이들을 유혹한다. 버스나 전철을 타도, 웬만한 식당이나 심지어 거리에서도 아이들은 너무도 쉽게 전자 매체를 만날 수 있다. 학교 울타리를 넘어선 세상 밖으로의 여행에서 아이들은 이런 매체와 쉽게 조우할 텐데, 쏟아지는 전자파 세계에 아이들의 눈과 영혼이 속수무책으로 함락되면 어쩌나, 마음 한구석에 염려가 똬리를 틀었다.

이번 8학년 마침 여행에는 특별한 도우미들이 동행하기로 했다. 내가 자유학교의 교사가 되기 훨씬 전에 초등학교 학생으로 만나 중학생이 될 때까지 함께 독서 토론을 했던 제자들인데, 이후에도 꾸준히 인연이 닿아 만남을 잇는 예비역 대학생들이다. 마침 상황과 시간이 허락되어, 늙어가는 선생의 노고를 덜어주겠다며 흔쾌히 여행을 함께 하기로 했다.

아이들은 낯설지만 큰 형님 같기도 한 훤칠한 총각 도우미 선생님들의 등장을 무척 반가워했다. 나 또한 여행 중에 옛 제자님들과 현재 제자님들이 많은 대화를 나누며 서로서로 또 다른 세계를 넘보길 기대했다.

오랜만에 몇 시간씩 버스를 타서인지 한 녀석이 차멀미를 한 것 말고는 꽤 순조로운 출발이다. 점심때 차갑게 식은 도시락을 먹으며 투덜거리기는 했지만, 부여에서의 과제 수행도 즐겁게 해냈고, 모둠별로 예산에 맞게 다음 날 아침과 저녁거리 장을 보고 숙소로 돌아왔다. 역시나 숙소에는 친절하게도(?) 방마다 커다란 TV가 놓여 있었다. 그렇지만 모두가 고된 하루를 보내고 난 뒤여서 TV보다도 단잠의 유혹이 더 강했다.

아이들은 한시도 쉬지 않고 놀이와 노래로 차 안을 들썩거리게 했다. 첫날이라 지치지도 않는가 보다. 졸지도 않는다. 운전기사 아저씨께서 이런 아이들은 처음 본다고 칭찬을 쏟아내신다. 요즘 아이들은 휴대폰을 들여다보느라 저희끼리 얘기도 안 하고 조용해서 적막하기까지 한데, 애들은 기운이 넘치고 이맘때 아이들답다고, 당신도 덩달아 여행 가는 기분이라고 하신다. 내 어깨에 잔뜩 힘이 들어간다.

다음 날 6시 30분 기상해서 맨손체조를 하고 숙소를 한 바퀴 도는 것으로 하루를 시작했다. 모둠별로 아침을 짓느라 몹시 분주하다. 각자가 장을 봤는데도 모자란 재료를 구하러 이 방 저 방으로, 몸보다 입으로 해결하려다 보니 시간은 두 배가 걸리고 정신도 없다. 도우미 선생님들과 나는 과연 아침을 제대로 먹을 수 있을지 살짝 걱정이 됐다. 여행 중 우리가 스스로 만들어서 식사를 해결해야 할 경우 가장 맛있는 정성 가득한 밥상을 차리는 모둠에게는 상을 주기로 했다. 샤워 우선권, 쾌적한 빨래 널기권, 버스 우선 탑승권, 취침 시간 연장권이라는 제법 탐나는 상이 제공된다. 아쉬운 꼴찌 모둠도 설거지, 뒷정리 등 불편을 감수하기로 했다.

어쨌든 난리를 치르고 받은 밥상은 의외로 먹음직스러웠다. 기대와는 다른 깔끔하고 맛있는 아침밥이었다. 조리 과정에 제 역할이 적었던 녀석들은 슬쩍슬쩍 TV를 즐겼고, 같이 가신 미술 선생님과 나는 전자파가 들어 있는 음식은 아무리 맛있어도 높은 점수를 줄 수 없다고 강조하여 슬며시 째려보는 것으로 경고를 대신했다. 콕 집어 큰소리로 제지하지 않은 것이 스스로 느끼기에도 다행스러웠다. 이 일 뒤에도 여행 도중에 김해공항에서 비행기를 기다리는 동안 큰 스크린으로 제공되는 '신비한 TV 서프라이즈'라는 프로그램을 입을 벌리고 시청했던 일 말고는 TV나 다른 매체에 마음 쓸 일은 전혀 없었다.

12학년 졸업 후에도 아이들이 그리워하는 단양, 온달산성과 동굴! 8학년 마침 여행의 백미였다고나 할까. 이 여행이 아이들과 내게 정말 최고의 순간을 선사했다. 자연과 우리가 하나 되어 그 어떤 것도 끼어들 틈이 없이 충만하고 아름다운 시간들을 경험하게 해준, 우리에게만은 성지와 다름없는 장소다. 온달산성으로 오르는 길은 수백 개의 계단으로 바뀌어 있었다. 지난해 답사했을 때만도 가파르지만 지루하지 않은 산길이었는데…. 여지없이 아이들은 너무 높다고, 힘들다고 투덜거린다. 드디어 온달산성에 오르자 터져 나오는 탄성과 환호! 구름 한 점 없는 새파란 하늘 아래, 잘 다듬은 돌로 맵시 있게 축조된 산성과 산성 안쪽 마당이 우리를 맞이하고 있다.
산성을 중심으로 천혜의 절경이 펼쳐져 있다. 산성의 곡선은 주변 산봉우리들의 곡선과 어우러지고 바깥 영역은 단단하고 높아 강한 힘

단양 온달산성의 하늘과 땅은 아이들을 온전히 품어주었다.

으로 안쪽을 품어주고, 안쪽의 푸른 풀밭은 그 기운을 잘 받아 안아 성 안으로 부드럽게 흘려 보내주는 형태다. 적들의 침입을 막고 감시하는 임무를 맡은 산성이 어찌 그리 아름다운지, 하늘과 주변 산들과 굽이굽이 흘러가는 강들과 조화를 이루며 홀로 서 있는 산성이 그 어떤 예술 작품보다도 멋있고 훌륭해 보였다. 아이들에게는 그 어떤 말로 된 설명이 필요 없었다. 미션도 의식하지 못한 채, 온몸과 영혼으로 그곳을 깊이 받아들였다. 산성을 기어올라 보고, 하늘을 향해 대(大) 자로 누워 하염없이 하늘을 보고, 우두커니 앉아 먼 곳을 바라보며 시간의 흐름도 잊었다. 뉘엿뉘엿 해가 저물어간다. 퍼뜩 시간을 보니 내려갈 때다.

"그냥 여기 살아요."

"내려가기 싫어요."

"저녁 안 먹어도 돼요."

나야말로 여행을 인솔하는 교사라는 옷을 벗어버리고 푸르른 산의 일부가 되어버리고 싶다. 그러나 억지로 몸을 일으켜 산성의 둘레와 넓이를 재자고 아이들을 재촉한다. 넋을 놓고 산성에 취해 있다 허겁지겁 과제를 해결하고 서둘러 내려오고 말았다.

해가 넘어가기 전 우리는 또 태곳적 모습을 간직한 석회암 천연동굴인 온달동굴로 들어갔다. 6학년 때 견학했던 석회암 동굴과는 또 다른 크기, 구조, 형태여서 색다른 재미가 있었다. 동굴이 낮아 안전모를 쓰고, 생각지도 못한 오리걸음에 깔깔깔, 때마침 우리밖에 없어서 동굴이 우리 차지가 된 느낌이었다. 돌아나오는 길에 누군가 노래를 시작했다. 하나둘씩 함께 부르며 화음을 쌓았다. 동굴의 울림이 우리의 노

래를 천상으로 이끌어주었다. 땅속에서 하늘의 하모니라니. 노래 제목
도 '하늘'.

"하늘이 내게로 온다. 여릿여릿 멀리서 온다. 멀리서 오는 하늘은
호수처럼 부르다. 호수처럼 푸른 하늘에 내가 안긴다. 온몸, 온몸이. 가
슴으로 스며드는 하늘, 향기로운 하늘에 호흡, 호흡"

마법에 걸린 듯 노래에 취해 모두가 사랑스러워 보였다. 노래를 부
르다 보니 어느새 입구에 도착했고, 아름다운 하모니의 감동을 계속하
고 싶어 관리하시는 분께 잠깐 들어가 노래 한 곡만 더 부르고 나오마
했더니, 단호하게 거절한다. 너무나도 아쉬웠지만, 어느 때보다도 행복
하고 모두가 하나가 된 날이었다.

날씨도 온전하게 호흡을 맞추어주었던 경주. 걷고 걷고 또 걸었던
무덤 기행. 아이들은 더 걷고 싶었다고, 외려 걷기가 부족할 정도로 길
위에서 하루가 어찌 지나갔는지 모를 정도로 기분 좋게 걸었단다. 걷다
보니 하늘과 산과 들판 풍경이 제대로 눈에 들어오더라고, 선덕여왕 릉
의 소나무 숲은 경이로웠다고, 더울 것 같으면 바람이 불었고, 숲 그늘
에 있다 나오면 햇살이 따뜻하게 만져주고, 자연과 하늘이 우리 여행을
지켜주어서 행복하단다. 해 질 무렵 무열왕릉은 공교롭게도 우리만의
공간이 되었다. 그 엄숙한 왕릉에서 아이들은 신나는 '왕릉 놀이'를 했
다. 데굴데굴 구르고 미끄럼을 타고 노래를 부르고… 무열왕께서는 갑
작스럽게 들이닥친 생기발랄한 청춘들의 에너지에 버릇없는 놈들이라

혀를 찾을까, 고리타분한 관광객들의 두런거림에 심심했는데 천진한 자손들의 재롱에 흐뭇해하셨을까?

아침부터 비가 내려 차분해진 남산이 우리 아이들의 반짝임과 맑은 종소리 같은 목소리들로 채워진다. 남산 구석구석 마애불들을 탐색하여 그 멋에 그 아름다움에 감동한다. 과제를 해결한다기보다 불상들의 부름에 이끌려 산신암을 지나고 금오봉의 능선에서 호흡을 가다듬고 남산의 영험한 기운을 받아 단숨에 내려왔다. 그 기운이 식욕으로 이어졌나. 끼니마다 밥을 두 그릇, 세 그릇씩, 못 먹는 것 없이 접시들을 싹싹 비워서 식당 아주머니들의 이쁨을 받는다. 그래도 배가 고프다 했다. 예의도 발라 인사도 잘하니 가는 곳마다 후한 인정과 푸근한 웃음으로 대접을 받았다.

끝나지 않았으면 좋겠는데 어느새 마지막 여행지 제주에 와버렸다. 김해공항에서 가수 이승철 아저씨를 만나 사인 대신 단체로 증명사진 한 장 박는 재밌는 경험도 했다.

나무와 숲에 환장하는 내 개인적 흑심을 반영한 코스, 서귀포 산림욕장에서 말 그대로 아이들을 풀어놓았다. 해설하시는 분께 숲에 관한 귀한 설명을 듣고 숲을 누볐다. 놀라 달아나는 노루 한 쌍에 우리가 더 놀라고, 빽빽한 나무 사이를 지나 정상 전망대까지 오르니 여기가 숲인지 바다인지, 갈매기 대신 까마귀들이 날고 노을과 단풍이 구분이 안 될 정도로 근사하다. 아이들의 탄성과 감동의 물결. 시심이 절로 나오나 보다. 별 저항 없이 하이쿠를 읊는다. 그중 몇 작품을 소개한다.

하늘과 맞닿은 저 선은 무슨 선인가?
아, 숲평선

나는 숲에 누워서
구름을 덮고 산다.
아름다운 숲 속 수많은 나무들 사이
인간 몇 무리
나의 아름다운 사색을 끊임없이 방해하는
내 뒷자리의 무리여.

제주도에 왔으니 한 마리 말이 되어

뒷발차기를 한 방 날리고 싶다네.

이런 바다도 있구나 파란 바다가 아닌 푸른 바다
갈매기가 아닌 까마귀가 나는 바다

우리는 날마다 해돋이를 보았다. 눈곱도 떼지 않고 잠옷 차림으로, 맨발로 꾸역꾸역 숙소 앞 바닷가에서 감히 태양과 맞장을 뜨려 했다. 귀찮았지만 숙연하게 나를 만나는 시간이었다. 또 오롯이 '나'를 만나는 시간으로 올레길 순례를 시작했다. 한 손엔 쓰레기봉투, 한 손엔 올레 빵을 쥐고 화순 금모래 해변에서 모슬포까지, 그리고 강정마을과 주상 절리 길을 걷고 뛰었다.

유난히 거센 바람, 저 멀리서 튀어오르는 숭어 떼, 비릿한 냄새, 아이들은 바다가 주는 모든 것들에 흠뻑 빠졌다. 맨발에 느끼는 아픔도 대수롭지 않은지 아이들은 바람에 머릿속 잡생각이 깨끗하게 쓸려 나가고 바닷물에 자신이 녹아버리는 황홀경에 온몸을 맡겼다. 모두들 잊지 못하노라 했다.

바닷길을 거쳐 송악산을 돌아 4·3의 아픈 기억이 새겨진 백조일손 묘(제주특별자치도 서귀포시 대정읍 상모리에 있는 6·25 전쟁 때 희생된 예비 검속자들의 묘지)와 알뜨르 비행장(제주도 서귀포시 대정읍 상모리 송악산 근처에 있는 비행장이다. 알뜨르는 '아래벌판'을 의미하는 제주도 방언이다.)을 지나쳐 까마득해 보이는 감자밭을 걸었다. 슬픈 역사를 현실에서 마주 보는 먹먹함에 다들 할 말을 잃었다. 침묵이 그토록 자연스러울 수가 없었다. 숙소로 가는 길에 강정에 들렀다. 해군기지 문제로 흉한 방어벽들이 늘어서 있고 경찰들의 울타리와 곳곳의 플래카드는 피할 수 없는 제주의 현재를 고스란히 보여주었다. 한 녀석이 순수하기 짝이 없는 맑은 눈으로 저보다 나이가 그리 많아 보이지 않는 군인인지 의경인지 젊은 청년에게 물었다. "아저씨는 누구 편이에요? 찬성이요, 반대요?" 그 청년은 어색하게 웃음 지으며 "아무 편도 아니야."라고 했다. 아이들은 당연히 반대할 거라는 대답을 기대했단다. 몇 명의 남자아이들이 불쾌한 얼굴과 목소리로 플래카드의 구절을 크게 읽었다. 소심한 자들의 큰 용기였다고나 할까.

버스 안에서 여자아이들은 내내 생각에 잠겨 우울한 얼굴로 "새삼 내가 누구인지, 무엇을 하며 살아야 하는지 모르겠다."고 했다. 갑자기 피로가 몰려오고 의기소침해지는지 다음 여정인 주상절리행을 완강히 거부했다. 마음이 무거워지니 아무것도 하고 싶지 않단다. 그래도 강행. 주상절리에 도착하자마자 언제 그랬냐는 듯이, 하늘과 바다를 물들이는 일몰에 깍깍거리며 5각 6각 바위기둥을 찾아 잘도 뛰어다닌다. 안 왔으면 후회했을 거라면서. 마지막 에너지까지 모두 쏟고 하루를 마감했다.

마지막 날, 어떤 안내나 제지 없이 그저 관광객 모드로 자유롭게 관광을 하자 했다. 고삐 풀린 망아지처럼 주전부리에 기념품 쇼핑에 정신줄을 놓는 건 아닐까 내심 걱정했다. 내 주머니를 털고 싶어 하면 공금밖에 없다고 딱 잡아떼야지 하며, 오늘 하루는 옛 제자들과 커피 한 잔 들고 우아하게 걸어가겠다고 마음먹었다.

애초에 계획했던 용눈이오름 오르기는 너무 오래 걸릴 것 같아 다음에 각자 애인들과 하기로 하고 성산 일출봉에서 섭지코지로, 그리고 김영갑 갤러리에서 제주 여행의 대단원을 맞이했다.

역시나 우리 아이들의 눈은 자연의 아름다움을 향한다. 기가 막힌 풍경을 먼저 찾아내고 어서 가보라고 권하기 바쁘다. 사진들을 얼마나 잘 찍는지 모두 작품이다. 얼마나 용돈을 아끼던지, 짠돌이들 덕분에 나 대신 미술 선생님 주머니가 털렸다. 하지만 김영갑 갤러리에서 지인들에게 줄 엽서를 사는 데는 돈을 아끼지 않는다. 숭고한 예술 작품이기 때문이란다.

아무도 다치지 않았고, 숙소도 편안했고, 삼시 세 끼 푸짐하게 먹고, 하루 종일 온몸으로 자연을 만끽한 7박 8일이었다. 그저 고마울 뿐이다. 보이지 않게 우릴 쫓아다녀주신 수호천사들, 함께하신 선생님들, 무사한 여행이 되도록 기도하신 부모님들, 제각기 자기 색깔을 맘껏 뽐내며 나를 따라준 22명의 청춘들. 감사, 감사, 감사, 감사, 감사, 감사….

8년을 마치고 나서

이제사 조금 철든 눈으로 8년을 돌아보니 온통 감사할 일투성이다. 특별히 처음으로 만들어가는 발도르프학교의 선생으로 살 수 있었던 것은, 신이 주셨든 삶이 준 것이든 사람다운 사람이 되라고 마련해준 선물이다.

학교에서 만난 모든 관계들은, 특히 아이들과의 만남은 내가 부정하고자 했던 내 벽과 한계들을 고스란히 보여주었다. 그것들을 의식하게 되고, 인정하고, 넘어서기 위해 움직이기까지 내가 얻은 상처와 절망, 기쁨, 성취감이 아이들을 교육한다는 내 역할의 큰 바탕이 되어주었다. 온갖 책을 통해 얻게 된 남의 지식이, 머리로만 알고 있던 온갖 앎이, 한 번도 가보지 않은 발도르프학교 교사로 하루하루 치열하게 살다보니 어느 순간 빛나는 지혜로 다가왔다. 팔다리로 경험하여 가슴이 좋아라 느껴서 머리에서 잊히지 않도록 배워가는 아이들처럼, 실제로 부딪치고 일하는 과정에서 곧장 심장으로 알게 되는 깨달음들이 생겼다. '나' 스스로를 일깨우는 발도르프 교육의 배움의 과정을 아이들처럼 나도 똑같이 겪은 것이다.

19명의 아이들과 처음 만났을 때, 이 아이들과 8년을 함께한다는 사실을 실감할 수 없었다. 당장 내일의 수업을 어떻게 제대로 할 것인가가 가장 큰 숙제였기에 막막하기만 했었다. 영화의 한 장면처럼 꼬맹이들이 갑자기 커진 청소년의 모습으로 나를 둘러싸고 감격스럽게 8년의 시간을 마무리하는 장면을 상상했었다. 8년을 마치고 난 나는 내공이 깊어진 원숙한 사람이 되어 진화의 한 정점에서 자유로운 모습으로 공중부양(?)을 하는 해탈의 경지에 이르게 되지 않을까? 어떤 순간 흐뭇하게 웃으며 달콤한 상상의 나래를 펴보기도 했었다. 공중부양할 수 있을 정도로 8년은 엄청난 수련의 과정이 될 것이라고 예상을 했나 보다. 그리고 마치 동화처럼 당연히 해피엔딩이 될 것이라 여겼다. 그다음 그림은 그려지지 않은 채로 8년을 마치는 상황으로 그려지기만 했다.

그것만이 내 삶의 의미이고 그 이후는 감히 떠올릴 수 없을 만큼, 당시 나에게는 8년의 시간만이 '전부'였다. 8년의 시간을 온전히 아이들과 함께 보내는 것, 아이들의 유년기와 사춘기를 지켜보며 그들의 역사 한켠에 내가 있는 것, 중간에 선장이 바뀌거나 배를 갈아타지 않고 종착지까지 순항하는 것까지, 이것만이 내가 꿀 수 있는 꿈이었다.

어느새 아주 먼 미래일 것 같던 그 시간들을 건너고, 8년을 마치고 또 8년이 돼가는 세월 앞에 마주하고 있다. 공중부양은커녕 10대부터 줄곧 고민했던 '어떻게 살 것인가?'가 여전히 화두인, 신체의 노화에 화들짝 놀라며, 예기치 않은 모습으로 다가오는 생을 순리대로 껴안아

보려 애쓰는 아줌마의 모습으로 살고 있다.

8년 담임을 마치고 나서는 그 시간들을 제대로 마주할 수 없었다. 아니, 있는 그대로 그 시간을 볼 수 있는 능력이 없었다. 마치 출산하고 후산통을 하는 것처럼, 자궁이 본래의 상태로 돌아가기까지 시간이 걸리는 것처럼, 그냥 끝나기만 했을 뿐이었다. 지쳐서 탈이 난 몸을 추슬러야 했고, 내 딸들에게 온전한 엄마 노릇을 하고, 교사가 아닌 아내, 딸, 며느리, 선배, 후배, 친구의 역할을 찾고 싶었다. 10여 년간 고정되었던 공간을 벗어나 새로운 호흡, 더 넓은 바깥세상의 경험이 필요했다. 내 몸과 머리에 깊숙이 자리 잡고 있던 발도르프학교 선생으로서의 정체성을 낯설고 색다른 공간에서도 검증받고 확인하고 싶었다.

처음엔 8년을 완주했다는 자만심이 그림자처럼 나를 무겁게 만들었다. 해탈의 자유로움이 아닌, 내 것으로 제대로 정리되지 않은 여러 가지 감정들과 아집이 자신을 내적으로 더 고립시키고 위축시켰다. 휴식과 더불어 새로운 시간을 처음 시작할 때 기대했던 것과는 전혀 다른 상황들이 펼쳐졌다. 때마침 찾아온 갱년기로 맘 편히 쉬면서 재충전하는 것이 쉽지 않았다.

한 해, 두 해를 보내며 새로운 사람들, 새로운 생각들, 새로운 경험들이 생겨나니, 조금씩 마음의 여유도 따른다. 어쩐지 정리가 두려웠던 8년간의 시간을 편안하게 볼 수 있게 되었다. 아이들과 내가 했던 수업의 내용과 의미도 더 명확하게 이해되고, 세월을 쌓은 덕일까 그 어렵던인지학을 가렸던 안개가 걷히면서 실체가 보일 듯 말 듯 한다. "아니야, 달라, 틀려!" 하던 민망한 나의 태도도 방향 전환을 하기 시작했다. 좀 더 높은 곳에서 멀리 보는 새의 눈을 이제야 흉내 내듯이. 내가 두려웠던, 인정하기 싫었던 실수와 오류들, 그저 잘했다는 소리만 듣고팠던 내 안의 어린아이가 편안하게 봐진다. 그럴 수도 있었고, 그 덕에 알게 되었다. 감사하게도 내 경험을 나눌 수 있는 기회가 생기면 내가 배운 것들을 기쁜 마음으로 공유하리라.

나들이 시간 산길을 걸을 때 슬쩍 다가와 손깍지를 끼며 "있잖아요, 선생님, 어제 우리 엄마, 아빠가요…" 하며 집안일을 조잘대던 녀석, 또 나들이 도중 벌에 쏘여서 병원에서 주사 맞고 울다가 아이스크림을 물려주자 좋아라 웃던 녀석들, 1년 만에 슬쩍 제 간식을 내게 내주던 녀석, 친구들과 겉돌며 "전학 가고 싶어요."라며 눈물을 뚝뚝 흘리던 녀석, 장래 희망이 여행하는 나그네, 견인차 운전사가 되고 싶다던 녀석들, 수업 도중 다쳐서 병원에서 치료받고 수업을 끝까지 해야 한다고 기어코 학교로 돌아온 녀석, 무대 위에만 오르면 180도 달라지던 녀석, 가슴 철렁이는 내용의 쪽지를 전해주어 교사로서 자괴감을 느끼게 했던 녀석, 여행하면서 내 신발 끈을 묶어주던 녀석, 간식 먹을 욕심에 모두가 남아서 수학 보충수업을 하겠다던 녀석들, 야영할 때 텐트 밖으로 삐져나왔던 머리카락에 서리가 앉을 줄도 모르고 곤하게 잠들었던 녀석들, 제 몸보다 더 큰 수레를 끌고서 아궁이 만들 흙을 퍼 나르던 녀석, 면담할 때 무슨 논리로든 말로 날 이겨먹고 싶어 했던 녀석, 덜 불은 떡으로 떡

1학년 1학기 때 아이들의 모습

8학년 마침여행 때 단양 온달산성에 오른 아이들의 모습

볶이를 만들어 내 생일상을 차려줬던 녀석들.

울지 않으려 했지만 결국 코가 빨개져 마무리했던 마침식 이후에도 아이들과의 만남은 계속 이어졌다. 아이들은 개인적 고민 때문에 나를 찾아오기도 했고, 반원전 탈핵 데모를 하느라 시청 앞 광장에서도 여러 번 만났다. 뜨거운 분노와 연행될 수도 있다는 두려움으로 긴장 가득했던 지난날들의 시위와는 너무도 달라진 축제 같은 시위 현장에서 열여섯 살 아이들과 즐겁게 노래하며 신나게 구호를 외치기도 했다. 아이들은 자신들이 살아갈 사회와 미래를 어떻게 이해하고 바라보아야 할지 생각하며 진실과 비전에 관해서 목말라 했다. 자연스럽게 10여 명 아이들과 함께 책을 읽고 이야기를 나누기 시작했다. 공자와 맹자, 연암과 퇴계, 무위당 장일순, 니코스 카잔차키스, E. F. 슈마허, 이반 일리치, 웬델 베리, 반다나 시바 등의 스승들에게 지혜와 조언을 구했다. 비록 안내하는 나의 성향과 편견이 담겨 있기는 했지만, 우리들의 의문과 고민에 관한 답을 얻기도 했다. 상급 과정으로 진입해서 겪는 학교생활에서의 소소한 고민거리와 청춘 특유의 실존적 고민들을 나누면서, 잊고 있었던 방황과 어설픈 치기를 떠올리며 나는 다시 10대, 20대로 돌아가는 기분을 맛보았다. 호되게 아파하기도 하고 잊을 수 없는 추억을 남기며 12학년 과정을 무사히 치러낸 아이들과 드디어 스물 어른이 됨을 축하하며 술 한 잔을 마셨다. 전학 간 친구들도 함께한 자리였다. 아스파탐이 없는 건강한 막걸리로 나름 첫 술을 하고픈 마음에 백수 아줌마의 주머니는 출혈이 심했지만, 감동적인 날이었다. 생일이 느려 아직 미성

년인 두 녀석들은 엄청나게 투덜거리면서도 자리를 지켜줘서 대견하고 고마웠다. 내 품에 쏙 안기던 작은 사람들이 "쌤, 차 조심하세요!" 하며 나를 안아주는 큰 사람들이 되었다. 통 크게 텃밭 40평을 빌려 농사를 핑계로 재수생, 삼수생, 알바청년이라는 이름표를 단 아이들이 모여 여름 농사를 지었다고 당근과 고추를 한 보따리씩 안겨주기도 한다. 한편에서는 페북이니 인스타니 21세기 문명들에 쩔쩔매며 어려워하는 내 고충을 단숨에 처리해주는 해결사들이 되었다. 더 큰 세상에서 여전히 순수하게 삶을 고민하고, 삶에 적응하려 애쓰면서도 어떻게든 의미 있는 삶의 길 위에 서 있으려 분투하고 있는 짠하고 아름다운 '사람'들이다.

8년 동안 이 아이들의 담임을 하는 동안 나는 신기하게도 내게 큰 사고는 일어나지 않을 거라는 확신이 있었다. 이 아이들의 수호천사들이, 내가 그들의 선생이라는 이유만으로 나도 지켜주신다는 믿음이 있었다.

강경필 구유진 김선우 김성재 김이령 김정수 김정현 김지원 박소영 박예나 박주영 박주현 박진한 박휘연 백주협 성지훈 오정철 윤영후 윤형식 이상윤 이원진 이재윤 정유정 최유진 현시연 홍성민 황지원

이 아이들이 내 수많은 허물 중 그나마 몇 꺼풀을 벗게 해준 내 스승들이다.

요즘 더, 더 수업 열심히 듣고 숙제 열심히 하려고
해요. 더, 더, 더 뭐도 잘하고 싶고, 뭐도 잘하고 싶
고, 근데 전 더, 더 수업 제대로 안 하고 숙제 대충하
고 뭐도 못하고, 뭐도 못하고 있거든요?
선생님, 어떻게 하면 좋을까요? 맹렬히 발전하는
애들 보면 애가 타고 내 발전은 토끼와 거북이가
돼요. (아주 느리고 게으르고 그러면서 자기가 가
진 능력에 만족하지 못하는 거북
이 말이죠.)
열심히 하는 것보다 더 수완
좋은 공부 방법을 찾고자
해요. 괜찮은 방법 좀 가르
쳐주세요.

울새의 편지

3학년(2006년) 올새

아기 돌보기 사건

올빼미 선생님

제가 오늘 아기 돌보기 사건을 이야기 해드릴게요. 금요일날이었어요.

그날 갑자기 아기 우는 소리가 나는 거예요. 하도 많이 들려서 엄마가 말했어요. "아기가 울게 놔두겠어? 저건 집에 혼자 있어서 그러는 거야." 하고 아래층으로 내려갔어요. 내려가니까 점점 더 크게 소리가 났어요. 맞아요. 혼자 집에 있었던 거예요. 문에 갔더니 문이 안 열렸어요. 그런데 창문이 열려 있어서 거기로 들어갔어요. 그래서 아기를 데리고 나가서 안정시키면서 있었더니 곧 엄마가 왔어요. 그래서 아기 엄마가 아기를 데리고 집으로 갔어요.

그런데 집에 오니까 엄마가 이 이야기를 쓰래요. 혹시 자기가 좋은 일을 했다는 거 선생님께 알려주고 싶어서 그런 거 아닐까요?

정말 멋지고 훌륭한 일을 했군요. 이령이가 자랑스러워요. 이 이야기를 재미난 동화로 써도 참 좋을 것 같아요. 선생님도 한 번 생각해보고 나중에 써보고 싶네요.

• 선생님 창문에 들어간 사람은 엄마였어요. 제가 누구인지 자세히 안 썼네요.

우하하하! 그랬군요. 창문으로 들어가는 이령이 엄마의 뒷모습을 상상했어요. 우하하하! 덩치가 커다란 사랑스러운 아줌마 모습이네요. 정말 유쾌하고 마음이 따스해지는 '사건'이에요!

선생님 제가 왜 울새라고 지은 줄 아세요?

사실 그건 이 일 때문에 그래요. 제가 다섯 살 때 어느 날부터 울새라는 이름이 제 머리로 들어왔어요.
누가 얘기해줬는지 모르겠지만 암튼 그래서 그런 거예요. 그걸 지금 털어놓으니 기분이 시원하군요. 선생님은 어째서 올빼미를 선택하셨어요?

올빼미는 지혜가 많다지요? 지혜로워야 우리 3학년 친구들의 이야기를 잘 들어주고 도와줄 수 있을 것 같아서요!

요새 주황색 말을 많이 써먹어요

선생님, 말과 글의 규칙에서 요새 주황색 말을 많이 써먹어요. 하루는 보리촌이란 곳에서 밥을 먹고 나왔어요.
제가 말했어요.
"엄마는 왜 흥청망청 돈을 쓰냐?"

그러나 엄마가 지지 않고 덤볐어요.

"너는 시시콜콜 간섭하지 마."

그러자 제가 "둘 다 주황색이야." 하고 말했답니다.

우리말과 글의 규칙(문법)

3학년에 우리말 품사 6가지(명사 동사, 형용사, 부사, 관형사, 조사)와 문장부호(온점, 반점, 느낌표, 물음표, 큰따옴표, 작은따옴표)를 배운다. 저학년에 문법을 가르치는 이유는 언어가 가지고 있는 특성과 다양성을 풍부하게 느끼고 경험하게 하기 위함이다.

"해님은 사과도 아니고, 아빠도 아니라는 것을 구별해야 하고(명사), 낮은 밝고 밤은 어둡고, 돌멩이는 단단하고 아기는 사랑스럽다는 것을 나에게 설명하고 세상과 나를 연결시켜준다(형용사). 아기는 나무처럼 무럭무럭 자라 걷고 뛰고 말하고 노래한다(동사)."

아이들은 이미 2학년 때부터 파랑색, 빨강색, 초록색, 주황색, 갈색, 보라색 낱말들로 문장을 썼다. 무슨 의미가 있는지도 모른 채 알록달록 색깔별로 글자 쓰기 자체만으로도 무척 즐거워했다.

3학년이 되어 각기 다른 말의 성격에 대해서 배울 것이라고 하자, 몇몇 눈치 빠른 아이들은 보물찾기라도 하듯 각 색깔별로 낱말들의 공통점을 찾으며 품사들을 구분하고 발견하기 시작했다.

차분하고 분명하게 자신을 표현하는 파랑(명사·이름말)
적극적으로 움직이고 나아가는 빨강(동사·움직임말)
자연과 세상을 설명해주는 초록(형용사·그림말)

두 모녀가 아웅다웅 토닥토닥 말다툼하는 모습이 아주 잘 떠올라요! 친구 같은 엄마의 딸의 모습 참말로 예쁜 그림 같아요!

빨강의 힘을 확장해주고 초록을 생생하게 만들어주는 주황(부사·어찌말)
파랑을 돋보이게 해주는 보라(관형사·꾸밈말)
파랑이 제자리를 찾도록 안정감 있게 도와주는 갈색(조사·도움말)

아이들은 각 품사를 나타내는 색들의 천을 둘러쓰고 다양한 문장으로 만드는 놀이와, 특히 부사인 의성어와 의태어가 많이 들어 있는 시를 눈에 보이게 움직이며 낭송하는 활동을 무척 좋아했다. 다음 시는 그중 하나다.

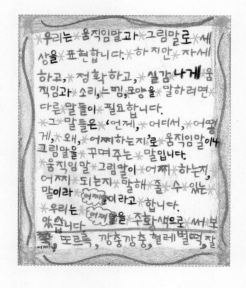

울새를 빨리 쓰고 빨리 받는 게 싫어요

선생님, 그그저께부터 저는 책 읽는 것을 체크하기로 마음먹었어요. 엄마가 공책을 주며 얘기했기 때문이에요. 엄마가 말했어요. "이령이, 이제부터 읽은 것을 기록해라." 그래서 저는 책 읽은 것을 출판사, 그린이, 글쓴이, 옮긴이를 다 쓰고 느낀 걸 썼어요. 그리고 선생님, 글씨 좀 작게 쓰세요. 전 울새를 빨리 쓰고 빨리 받는 게 싫어요. 그럼 안녕.

• 선생님, 저는요, 방학 숙제가 너무 어려워요. 구구단을 연습한 대가를 톡톡히 받았지만요. 9단, 8단은 못하던 건데 잘하게 됐지 뭐예요. 글씨체도 조금 좋아졌고요. 그럼 안녕.

• 사랑하는 이은영 선생님! 숙제가 너무 어려워 그를 말하겠습니다. 올빼미 선생님, 저는요, 방학 숙제 「바람도깨비」에서 마음에 드는 이야기를 써오란 거 아직도 쓰고 있어요. ··

• 그 이야기를 보니까 「바람도깨비」에서 제일 긴 것이었어요. 제목은 '갓난 송아지'예요. 제가 너무 힘들어서 엄마한테 투덜댔더니 엄마가 그 송아지 이야기가 아름답대요. 선생님은 어떤 이야기가 좋아요?

음~ 난 현덕 선생님의 「포도와 구슬」이 재미있었어요. 어릴 적 선생님에게도 비슷한 경험이 생각났거든요. 선생님도 친구가 가지고 있었던 예

방학 숙제

발도로프 학교에서는 저학년 때 방학숙제를 내주지 않는다. 한 학기 동안 열심히 공부하느라 애쓴 몸과 머리를 충분히 쉬게 해서 배운 것들을 잘 소화하고 숙성시키기 위해서다.

아이들에게 깨어나기와 잠자기, 배우고 잊어버리기는 성장에 아주 중요한 리듬이고 방학도 이 맥락 속에 있는 하나의 잠자기, 잊어버리기에 해당한다.

하지만 학교생활이 즐거웠던 꼬맹이들은 '심심해' 노래를 부르며 개학을 고대한다. 아직까지는 공부가 즐겁고 선배들이 하는 숙제가 신기할 따름이어서 저희들은 지루한 방학에 꼭 숙제가 있으면 좋겠다고 했다.

숙제 같지 않은 숙제, 놀이 삼아 할 수 있는 영양가 있는 숙제가 뭘까? 이제 까막눈에서 벗어난 아이들이 쓰기 연습도 할 겸 짧은 동화 한 편을 필사하는 숙제를 내주었다.

바람도깨비

어린이 도서연구회에서 엮은 저학년을 위한 동화 모음집으로 권정생, 현덕, 이현주, 이원수, 손춘익, 조장희, 조성자, 지동환 작가의 작품이 실려 있다.

초등학교 저학년 어린이들이 읽기에 적당한 짧은 동화들로 우리말맛이 살아 있는 아름다운 문장으로 씌어진, 마음이 따뜻해지는 재미난 이야기들이다. 「갓난 송아지」는 이 책에 실려 있는 이원수 작가의 단편이다.

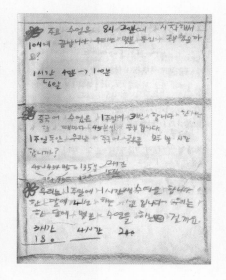

쁜 종이 인형이랑 맛있는 과자가 먹고 싶어서 친절하게 대하기도 하고 창피함을 무릅쓰고 달라고 하기도 했었죠. 하지만 거절당했을 때 정말 섭섭해서 그 친구가 부쩍 미웠던 마음도 떠올랐어요. 그래서 기동이와 노마의 마음을 정말 잘 이해할 수 있었어요.

지루하고 심심할 때 재밌게 숙제하라고 나름 머리 좀 써서 낸 숙제인데 영 아닌가 보다. 그래도 8, 9단도 잘하게 되고, 글씨체도 나아지고 아름 다운 이야기를 직접 써 보았으니 선생님이나 이령이 입장에서 그렇게 손해 본 장사는 아닌 것 같은디~ 수고했어요!!

건데기(건더기)

제가 전부터 쓰려고 했던 이야기를 쓰겠습니다.

제가 어느 날 배가 아파 한남동에서 최고로 유명한 집에 가서 죽을 먹는데 유 명한 죽집에 가면서 배도 아픈데 선재가 떼를 쓰는 게 아닙니까?

그래서 저는 화가 나서 "너는 건데기야!" 하고 소리쳤습니다.

선재에게 딱 맞는 별명이죠. 국물을 먹고 나면 건데기가 남지요? 전 그게 싫어 서 선재한테 건데기란 별명을 붙여주었습니다. 우리 엄마는 건데기가 좋대요. 그러니 선재를 사랑하는 거 같죠? 건데기를 사랑하지 않으면 선재를 어떻게 사랑하나요? 선생님도 건데기 좋아하세요?

〈건데기〉 이야기는 정말 멋지고 훌륭한 이야기예요. 아~ 이령이가 들려 주는 얘기들은 선생님 혼자 읽기 참 아까워요. 이령이의 생각은 정말 기발하고, 놀라워요. 감탄이 절로 나오네요. 선생님도 자랑스러워요. 그리고 선생님도 어려서는 건데기를 싫어했는데 어른이 되니까 좋아졌어요. 음~ 맛있는 건데기. 그렇다면 선생님도 선재를 사랑하는 뜻?

저는 선생님이 싫어졌어요

선생님 저는 오늘 체육 시간에 정말 억울했어요. 그래서 저는 선생님이 싫어졌어요. 진짜 어쩌면 이렇게 나쁠 수 있을까? 선생님, 나는 어제부터 선생님을 이은영 선생님 아니면 착한 선생님 아니면 좋은 선생님이라고 부르지 않을래요. 정말 선생님, 저도 선생님만큼 속상했어요. 정말 학생으로선 견딜 수 없었어요. 그러니 정말 이은영 선생님 아니 선생님, 저는 너무 너무 속상했어요. 빨리 처리해주시길… 씩씩 폭발하기 직전이에요! 빨리!

이 좋은 가을날 억울하고 속상한 일이 많이 생겨서 정말 안타깝군요. 선생님도 마찬가지예요. 우리가 유쾌하고 즐거운 수업을 하기 위해서는 준비를 잘해야 해요. 모두가! 한 사람도 빠지지 말고. 우리는 그렇게 해서 기분 좋았던 적이 분명히 있어요. 날마다 모든 수업 시간을 그렇게 할 수 있어야 해요. 이령이는 물론 성실하게 준비했어요. 그러나 다른 친구들이 준비를 안 하면 수업을 할 수가 없어요. 항상 선생님이 강조하듯이 모두가 잘해야 내가 잘할 수 있고 내가 잘해야 모두 잘할 수 있거든요. 이령이 말고도 늘 준비를 잘하는 친구들이 함께 힘들었을 거예요. 선생님도 충분히 잘 알고 있어요. 마음이 아주 아파요. 하지만 우리는 떨어지려야 떨어질 수 없는 자유학교 3학년, 3학년이 모두 마음이 하나 되어 노력해야 진짜 잘하는 거고, 선생님도 좋은 선생님이 되겠지요. 여러분에게 힘든 벌을 주었지만 선생님은 여전히 여러분을 사랑해요. 눈물 나도록!

내 집 내 몸을 위해서 체조 + 운동을 할게요

저는 내 집 내 몸을 위해서 체조 + 운동을 할게요. 체조 20분, 운동 20분도 할 거예요. 선생님도 물구나무선다고 했죠? 물구나무도 운동의 종류 아닌가요? 암튼 간에 선생님, 저는 두 개는 무리 같아서 운동만 할 거예요. 선생님은 두 개 할 거예요?

최대한 노력해 보려고요. 선생님의 배가 점점 들어가길 한번 지켜봐주세요! ^^

우리 반 친구들은 모두 선생님 3학년 때보다 더 똑똑해요. 수학 문제 모른다고 멍청한 것은 아니죠. 오늘은 몰라도 며칠 지나면 이해하게 될 때도 있어요. 모르는 것은 부끄러운 일이 아니에요. 우리 반 친구들은 이령이가 무척 상상력이 풍부하고 똑똑한 아이라고 생각하던데요!

1년의 여왕이 울새로 편지를 보내요

1월 지붕위에 눈이 쌓이는 달
2월 얼음 안에 눈이 흘러가는 달
3월 새싹이 첫 이슬을 맛보는 달
4월 세상이 초록으로 물드는 달
5월 계절의 여왕이 행차하는 달
6월 바다의 물결이 거칠어지는 달
7월 수박 씨앗이 검게 물드는 달
8월 은하수가 흐르는 달
9월 사과가 빨갛게 물드는 달
10월 황금잎이 내려앉는 달 고요한 천사의 달
11월 벽난로에 빨간 불빛이 활활 타오르는 달
12월 눈뭉치를 뭉치는 달
어때요?

아, 황홀해요. 이 글을 읽으면서 마치 선생님의 몸에서 영혼이 잠시 나
와서 아주 아름답고 꿈같은 세상을 여행한 느낌이에요.
내가 사랑하는 아이들과 달마다 이령이가 표현한 이 멋진 세상을 흠뻑
느껴보고 싶네요.

웃기는 선재 스토리

첫 번째 이야기는 젊은이 스토리예요. 어느 휴일날 선재가 크리스마스트리를 사자고 떼를 부렸어요. 하도 떼를 부려서 잔소리 많은 우리 엄마도 마음이 녹아버렸어요. (귀찮았을지도 몰라요.) 그래서 곯아떨어진 아빠를 깨워 엄마와 선재와 나를 다 데리고 끙끙 나섰죠.

그렇게 끙끙 나서서 갔어요. 가다가 하필이면 서울랜드를 지나쳤어요. 그러니 선재가 (이제 뭐가 뭔진 아니까) "나는 서울랜드도 못 가고 나는 정말 젊은이야."라고 말했어요. 그런데 젊은이가 무슨 말을 뜻하는지 아세요? 원래 선재가 하려고 했던 말은 바로 절망이에요. 엄마가 (선재 말 알아듣기 척척박사라서) 알아냈어요.

엄마는 "절망이라는 말을 들었는데 그 말을 까먹어서 대충 그것과 비슷한 말을 한 거야." 하면서 웃고 나는 따라서 웃었답니다.

하 하 하 하. 선재 스토리는 끝났습니다.

선생님, 선재와 저는 스티커 돈 공장을 만들었어요. 그런데 만드니까 재미가 없어요.

선생님, 좀 재미있게 하는 방법이 없을까요? 이만 선재와 놀고서 수학 공부도 해야 해요. 그럼 안녕!

선생님, 대충 글을 써주시는 거 같아요. 혹시 진짜로 그러시는 거 아니에요? 의심 많은 이령이가….

샘물처럼 솟아나는 재미난 선재 이야기! 들어도 들어도 새록새록 재밌어요! 그리고, 흠, 답장을 대충 쓰려 하는 건 아닌데 가끔 여유가 없을 땐 그러기도 했네요. 미안해요. ㅜㅜ
앞으로 더 정성껏 쓰도록 노력할게요!

4학년(2007년) 울새

이제 열한 살이 되었어요

2007년 1월 12일 (금) 이령이가

선생님, 이제 한국 나이로 열한 살이 되었어요. 그런데 왠지 허전해요. 그러니까 한남동에서 살 때 부실해진 것 같아요. 그리고 선생님, 울새 쓸 때마다 날짜 월, 일을 쓰는 게 좋을 거 같아요.
꼭 답장 써주세요.

어? 뭘까? 왜 허전하지?
살짝 알 것 같기도 하고 어린이에서 소녀가 되니까? ㅎㅎ
날짜 쓰는 것은 아주 좋은 생각!

타샤 할머니

선생님, 제가 정말 재밌는 책에 대해 알려드릴게요. 제목은 「타샤의 집」이고 주인공은 타샤라는 할머니예요. 타샤 할머니는 뭐든지 자기 손으로 만든대요. 거기서 저는 버터가 제일 멋있었어요. 그밖에도 마리오네트 인형, 애플, 사이다, 쿠키, 비누, 꽃, 가축, 천 등등 정말 많은 것들이 있어요. 게다가 사진까지! 아, 정말 멋진 책이에요. 선생님도 꼭 읽어보세요.

글쓴이는 타샤 튜더, 토바 마틴이고 '그 사람이에요' 찍은 사람은 리처드 브라운, 옮긴 사람은 공경희래요. 출판사는 윌북이래요. 꼭 사보세요. 꼭! 꼭! 선생님, 만약에 그 책이 없다면 제가 사드릴게요. (엄마한테 돈을 빌려서, 취직하면 갚으려고, 어쩌면 못 갚을지도 모름)

타샤 튜더 책은 벌써 진즉에 2권이나 사서 보았지요. 《행복한 사람 튜더》와 《타샤 튜더의 정원》.

타샤의 집

타샤 튜더는 자연을 존중하고 노동의 가치를 소중히 여기며 자신의 꿈을 위해 한 걸음씩 노력해온, 원예가이자 동화 작가이자 화가로 부지런히 살아온 행복한 할머니시다. 타샤 할머니의 삶은 발도로프학교의 교육 과정과 맞닿는 부분이 많다. 타샤 할머니는 시골에서 집을 짓고 정원을 가꾸며 감자와 푸성귀를 거두어 음식을 해먹고, 손수 천을 짜서 옷을 만들고, 주변의 꽃과 동물들을 그림으로 그리며 동화를 쓴다.

발도로프학교에서도 아이들은 농사를 짓고 뜨개질, 바느질을 하여 생활에 필요한 아름다운 소품을 만들고, 동물과 사람 인형을 만든다. 주변의 재료를 이용하여 작은 놀이집이나 아궁이를 만들기도 한다. 식물이나 동물을 키우고 꽃밭을 가꾼다. 이 모든 활동이 발도로프교육 과정에 속한다. 아이들은 학교에서 단순한 지식을 배우는 것에 머물지 않고 실제 삶에서 유용한 실질적인 능력을 갖게 된다.

아~ 이령이도 타샤 할머니를 알게 되서 정말 반갑고 기쁘네요. 선생님도 늙으면 꼭 그런 모습이고 싶어요. 그림 그리고 정원 가꾸고 요리하고 책 보고…. 잘 어울리겠지요?

우리 집에 사는 들고양이가 새끼를 데려왔어요

올빼미 선생님

우리 집에서 많이 사는 들고양이가 새끼를 데려왔어요. 두 마리인데 한 마리는 수줍음이 많고 한 마리는 수줍음이 없어요. 그런데 이제는 수줍음 많은 애도 자기도 이 집이 안전한 줄 알았는지 숨지 않고 살짝 귀를 쫑긋거리다 다시 놀아요. 둘이서 꼭 붙어서 놀아요.

올망졸망 나 있는 귀엽지만 날카로운 이, 꼭 한번 비벼보고 싶은 털, 마음의 힘이 가득 서려 있는 푸른 눈 모두가 귀여워요. 거기다 조그맣고 앙증맞은 두 다리까지 너무너무 귀여워요.

선생님 저는 이제 달팽이 + 새끼 고양이를 의지해 살 거예요. 그리고 선생님도 우리 집에 와서 혼자 보기 아까운 새끼 고양이 꼭 보고 가세요.

추신: 저는 너무너무 행복해요.

아, 이령이 얘기를 보고 있으면 정말 눈에 보이는 듯한 귀엽고 사랑스러운 고양이들이네요.

그런데… 흑흑!

선생님은 고양이가 가장 무서우니 어쩌면 좋아요. 왜 그렇게 싫을까요?
그림자처럼 소리 없이 나타나 놀래키고, 노려보는 듯한 눈빛이 별로 마음에 들지 않아요.
이령이하고 반대되는 마음을 가진 선생님에게 이령이가 실망하고 슬퍼할까 걱정돼서 답장 쓰는 것도 고민했어요.
"엉엉! 이령이가 고양이 싫다고 나 미워하면 어떡해!"

제가 춤추면서 날아다닌다고요?

2007년 6월 4일 월요일
선생님 오늘 예나한테 이야기를 들었어요.
반 모임에서 저에 대한 이야기가 나왔다고요.
저는 귀를 쫑긋 세웠어요(혹시 나쁜 소식일까 하고). 그런데 내 예상에 딱 들어맞게 예나가 이렇게 말하지 뭐예요!
"우리 엄마가 이야기해줬는데, 선생님이 너가 춤추면서 날아다닌대. ㅋㅋ" 예나가 웃으면서 그렇게 말하지 뭐예요. 그래서 말로는 "선생님 만나면 따져야겠다!"라고 말했지만 속으로는 나를 놀리는 건지 아니면 칭찬하는 건지 몰라서 걱정하다 울새에다 썼어요.
선생님, 대체 칭찬하는 거예요. 놀리는 거예요?

선생님이 어떻게 놀릴 거라 생각해요? 이령이 춤추는 모습이 이쁘고 귀여워서 그러지요.

이령이가 춤출 때 마치 날개 없는 요정 같기도 하고, 어디선가 아름다운 선율이 들리는 것 같아요. 칭찬입니다!

선생님 때문에 너무 기분이 나빠요

올빼미 선생님께

선생님, 있잖아요. 선생님 꿈 중에서 아직까지도 기억나는 꿈이 있나요? 어렸을 때 꿨는데도 기억나는 꿈이 있나요? 저는 없는데. 이만 바빠서….

선생님, 선생님 때문에 너무 기분이 나빠요. 이유는 선생님이 아실 거예요.

흑흑! 엉엉! 내가 이령이를 기분 나쁘게 했다니….
선생님이 아주 완벽한 사람은 아니지만 사랑하는 제자의 마음을 아프게 했다는 것은 반성할 일이네요.
정확하게 알고 싶네요. 선생님도 모르는 그 일이 뭔지. 짐작 가는 것이 한 가지 있기는 한데, 나한테 솔직하게 얘기해주면 안 될까?

* 선생님이 저한테 너무 한 문장을 길게 쓴다 해서 기분이 나빴어요.

솔직하게 말해줘서 고마워요. 문장을 짧게 짧게 쓰면 읽는 사람이 이해하기도 더 쉽고, 쓰는 사람도 쓰고 싶은 이야기를 잊지 않고 더 잘 전달할 수 있어요. 실은 선생님도 글 쓸 때 이런 충고를 많이 받았거든요.

이령이 홍보겠다고 한 말이 아니라 이령이의 문장력, 글 솜씨가 더더욱 좋아지기 위해서 필요한 방법이라고 생각해서 하는 쓴 보약 같은 말이에요. 선생님의 진심을 이해하면 참 좋겠어요.

3학년한테 너무 오냐오냐 하지 마세요

선생님 3학년한테 너무 오냐오냐 하지 마세요. 얘들이 먼저 타는 건 괜찮아도 너무 거만해요.
어느 날 내가 버스에서 소영이랑 노래하고 있는데 최다루한이 소영이와 나한테 (자기는 떠들면서) 조용히 하라며 까불지 뭐예요! 그게 다 선생님이 너무 오냐오냐 해서 그런 거예요.

원래 미운 놈 떡 하나 더 주고 이쁜 놈은 매 한 번 더 때린다고.
선생님은 우리 4학년이 더 바른 몸가짐을 배웠으면 좋겠어요. 다른 사람들한테 우리 4학년이 싫은 소리 듣는 거 기분이 안 좋아요. 그런 소리 듣기 전에 우리 4학년이 더 잘하도록 잔소리해요. 3학년에게도 알아듣도록 꼭 얘기할게요! 까불지 말라고!! ^^ ㅋㅋ

선재 이야기

선생님! 선재에 대한 얘기를 해드릴게요.
어느 날 소영이와 세혁이가 놀러와서 같이 놀고 있는데, 선재가 블록을 가지고 놀다가 세혁이한테 "세혁아! 너는 이빨에 쿠킹 호일 없니?"라고 물어봤어요. 선재는 원래 이빨이 약한데, 넘어져서 이빨이 부러졌어요. 그래서 치과에 갔더니 괜찮다고 그래서 그냥 놔뒀는데 이가 점점 검어졌어요. 그리고 안쪽 어금니는 씌웠어요. 그게 은색인데 선재가 그걸 쿠킹 호일이라고 한 거예요!

우하하하!
선재도 이령이만큼 재치가 가득하네요! 아이고, 재밌어라. 조그만 애기

공책 검사

발도로프학교에는 교과서가 없다. 아이들은 스스로 수업 시간에 배운 내용을 글과 그림으로 정리해서 세상에 하나밖에 없는 교과서를 만든다.

저학년에는 교사가 칠판에 써놓은 글과 그림을 보고 쓰고 그리는 식으로 공책을 채워가지만, 공책은 하나도 똑같은 것이 없다. 아이들의 성격과 기질에 따라 개성 있는 교과서들이 탄생한다.

학년이 높아지면서 공책의 내용과 예술적 꾸밈은 아이들이 스스로 해야만 한다. 자신이 이해하고 소화한 내용을 글로 명확하고 이해하기 쉽게 쓸 수 있어야 한다. 물론 많은 준비와 연습이 필요하다.

그래서 4학년 때부터 내가 정리해주는 양을 줄여나가면서 아이들이 쓰는 기회를 늘려갔다. 아이들은 전날 교사가 들려준 이야기와 설명을 떠올리면서 내용을 정리한다. 다음 날, 공책에 옮기기 전에 검사를 받는데 잘못된 내용이 있는지, 맞춤법이 틀렸는지, 문장이 어색한지 등을 최대한 아이들이 쓴 것을 살려주면서 점검을 했다.

그러고 나서 완성된 글을 공책에 옮겨 적고 글에 어울리는 그림을 그려 마무리한다.

들이 그렇게 재밌는 얘기를 나누는 모습도 정말 사랑스럽네요. 나는 입
안에 쿠킹 호일 하나도 없는데~

엄마를 보고 살짝 눈웃음을 지었어요

선생님, 제 어릴 적 이야기 하나 들려드릴게요. 어느 날 엄마가 자고 있었어요.
그때 두세 살 아기 이령이가 분통을 보았어요. 그리고 뒤집어보았더니 하얗고

울새는 누구보다도 진지하게 수업
에 참여하고 눈에는 열의와 즐거움
이 한가득한 학생이었다. 숙제도 성
실하게 하고 정리한 내용은 울새의
상상력과 재치가 듬뿍 담겨 검사할
때마다 나는 무척 흐뭇했다. 그런
데 옥에 티처럼 자기가 들은 것들
을 하나도 빠뜨리지 않고 다 쓰려
하다 보니 문장이 길어지고 반복되
는 것들이 더러 있었다. 그래서 그
점을 지적했더니 마음에 상처를 받
았나 보다. 선생님을 믿어주고 사랑
한 마음이 컸던 만큼 섭섭하고 미
운 마음도 컸으리라~
사랑스러운 울새!

촉감 좋고 부드러운 가루가 솔솔 나오는 거예요. 아기 이령이는 너무너무 기분이 좋아서 마룻바닥에 둥글게 둥글게 바르고 몸에도 묻히고 온 사방에 바르고 뿌렸어요.

그렇게 온 사방에 뿌리고 나니 엄마가 혼낼까 봐 약간 겁도 나고 무섭기도 했어요. 바로 그때 엄마가 일어났어요. 그리고 아기 이령이가 벌인 사건을 보고 어이가 없어서 굳어버렸어요. 그다음 이령이를 쳐다봤어요. 이령이는 엄마를 보고 살짝 눈웃음을 지었어요. (눈웃음을 지으면 엄마가 용서해주거든요.) 역시 엄마는 이령이를 보고 웃었답니다.

그 얼마나 사랑스러운 모습이겠어요. 선생님도 비슷한 경험을 해봤어요. 엄마는 청소하느라 몸은 고달팠겠지만 아기에게는 마법과 같은 일이었겠지요! 눈웃음 짓는 아기 이령이! 안아주고 싶네!

동물학을 너무 못해서 기분이 나빠요

선생님, 어떨 땐 제가 동물학을 너무 못해서 기분이 나빠요. 항상 열심히 들어도 못해서 너무 기분이 나빠요.

선생님은 한 번도 이령이가 못한다는 생각을 해본 적이 없어요. 이령이가 재밌게 즐겁게 편안하게 들어야 자기가 원하는 대로 줄줄 쓰게 될 거예요.

기 린

기린은 아프리카 초원에 사는 초식동물이다. 기린의 목은 전체 길이의 육분의 일을 차지하고 몸의 높이를 차지한다. 기린은 전체 부위중 목이 발달해있다. 귀는 굉장히 예민하다. 시력또한 2km 앞까지 볼 수 있다. 기린은 아카시아를 굉장히 좋아한다. 기린의 잎에는 잇몸에 가시를 제거하는 홈이 있다. 기린은 소처럼 혀로 풀을 말아따는데, 기린이 한번 지나가면 나무에 풀이 없을 정도이다. 어미기린과 수컷 기린은 서로 짝짓기를 한 후 수컷은 혼자 생활한다. 어미는 새끼를 낳는데 이 때 새끼가 나오면 어미는 혀로 핥아준다. 새끼는 일어서 걷는데까지 1시간이 걸린다. 기린들은 뿔이 있다. 기린은 긴 속눈썹은 먼지가 눈에 못 들어가게 하고,입술은 두껍다. 기린은 앞다리와 뒷다리가 같이 달린다. 기린은 그것 사이에 천적인 사자때문에 많이 죽는다. 기린은 목이 길어서 고개를 숙이는데 오래 걸립니다. 암컷은 수컷보다 크기가 작고 고개를 숙여 풀을 먹습니다.

발도로프학교에는 교과서가 없다.
아이들은 스스로 수업 시간에 배운 내용을 글과 그림으로 정리해서
세상에 하나밖에 없는 교과서를 만든다.

127

'잘해야지, 하나도 빠뜨리지 말아야지'라고 생각하는 순간, 다시 떠올리는 일이 바위처럼 마음을 짓누를 거예요. 그럼 짜증나고 하기도 싫고…. 내가 '이야, 신기하다, 그랬구나.' 하는 점들을 정리하면 되는 거예요.

이령이가 쓴 민들레 시는 정말 걸작인걸요!

민들레 1

윌리엄 블레이크 따라 쓴 것

생일시

발도르프학교에서는 해마다 아이들에게 학교 생활 보고서와 성적시를 준다. 성적시를 아이들 생일에 맞추어 선물처럼 주기도 해서 생일시라고도 한다.

한 학년을 마치고 나면 교사는 한 해 동안 교실에서 함께 지낸 아이들 하나하나에게 다음 해에 아이들에게 필요한 내용을 시나 문장으로 만들어준다. 그러면 본 수업을 시작하기 전에 아이들은 자신이 태어난 요일에 앞으로 나와서 시를 정성껏 암송한다.

내게는 8년 동안 이 작업이 입맛이 없어질 만큼 힘든 숙제이기도 했지만 아이들 한 명 한 명에게 오롯이 집중하고 온몸과 마음으로 아이들을 담을 수 있는 시간이었다.

순간순간 변화하고 자라는 아이들에게 그때 꼭 필요한 영양분이 되는 낱말들과 문장을, 거짓 없이 '진실'을 담아 그 아이의 기질에 맞게 아름다운 상을 그릴 수 있도록 표현하려고 노력했다.

(나는 블레이크 씨도 좋아하지만 콘플레이크
도 좋아한다)

해맑은 미소와 발랄한 자태.
노란 꽃 속에 고통과 노력이 숨어 있는
민들레여!
이른 봄에 태양의 선물을 받기 위해 피
는 민들레여!
두 달밖에 안 키운 아기들을

그 말들과 문장은 여러 해 동안 아이들의 성장에 영향을 미치고, 그 낱말과 문장
들은 날마다 아이들이 소리 내어 말하기에 마법과 같은 힘들을 발휘하게 된다.
소리와 의미. 아이에게 미칠 영향들을 모두 고려하여 시를 쓰는 일은 무척 복잡
하고 어려운 일이었지만 내가 할 수 있는 한 고심하여 시를 썼다. 그러면 아이들
은 분에 넘칠 만큼 고대하며 기쁘게 받았다.
아이들은 시가 쓰여진 카드를 받아들고 누가 볼 새라 설레는 눈빛으로 조심스럽
게 읽고 중얼거리며 온전히 자기 것으로 만들었다. 모든 아이들이 일 년 내내 요일
마다 나와서 암송을 하다 보니 친구들의 시를 전부 다 외우게 되었다. 학년이 올
라갈수록 영민한 아이들은 시의 메시지를 가늠하며 해석하고 평을 하기도 했다.
"네 시는 선생님이 이런 생각으로 쓰셨을걸." 하며 잘 어울린다느니, 멋지다느니,
내 것보다 네 것이 더 마음에 든다는 둥, 저희끼리 나누는 이야기를 들으며 혼자
몰래 웃곤 하였다. 그것은 나에게 아이들이 주는 작은 선물이었다.

바람에 터트려 보낼 때
너의 기분은 어떠한가?
숲의 마법사,
그 부드러운 마음씨를 왜 뾰족한 잎으로 말하는가!

내 마음이 들어간 민들레 2

오 민들레여! 너를 왜 먹어야 하나?
너의 쓴 맛은 어디서 오지?
아름답고, 부드러운 꽃
쓰디쓴 잎
날마다 밥상에 오르는 민들레여
나는 토끼가 아니다.

2007년 4월 4일

선생님, 저도 생일이 됐으면 좋겠어요.

하하하~ 어쩌나!
생일시를 빨리 받을 수 있게 열심히 머리를 쥐어짜야겠네요. 그래도 카
드는 생일날 받아야죠?

울새의 생일시

(울새에게 2학년이 될 때 준 시)

올망졸망
예쁘게 피어 있는
빨간 봉숭아
여름내
뜨거운 햇볕도 이겨내고
굵은 빗줄기도 견뎌내고
송이송이 피어났네
가슴속에 가득한 이야기들이
동무들 손톱을 붉게 물들이네

(울새에게 4학년이 될 때 준 시)

맑고 밝은 마음을 지닌
유쾌한 마법사는
작은 실수도
신비하고 놀라운
기적으로 만드는
재주를 가지고 있다네

5학년(2008년) 울새

칭찬을 해주세요
_____

선생님에게 우릴 수학 천재로 만들고 싶다고 했죠? 그럼 우리한테 칭찬을 해
주세요.

수학 천재라기보다 수학을 무서워하지 않게 하고 싶어요!
칭찬을 해라! 맞아요. 멋진 방법이네요. 칭찬을 하면 고래도 춤을 춘
다니….
잊지 않고 칭찬을 많이~ 많이~ 하도록 할게요.

제 달팽이가 알을 낳았어요!
_____

선생님에게
이은영 선생님! 제 달팽이가 알을 낳았어요! 제 달팽이는 소라껍질처럼 생긴 껍
질을 가진 달팽이에요! 제가 달팽이 알을 찾은 이야길 들려드릴게요. 어제 내가
혹시나 알이 있을까 하고 흙을 뒤집고 있었어요. 그런데 뒤지다 보니 갑자기 바

2학년 수업
-색종이 오려서 무늬 만들기

스락! 소리가 났어요! 그래서 뒤져보니 노란 알이 있는 거예요. 저는 기뻐하며 알을 다른 곳으로 옮기기 시작했어요. 안 그러면 어른 달팽이가 잡아먹거나 짓밟아 죽이거든요! 알을 어림짐작으로 세어보니 한 백 개 정도 됐어요. 그리고 계속 옮기니 짜증이 났어요. 내 심정은 이랬죠. 달팽아, 알을 낳은 건 고마운데 너무 많이 낳았네. ㅠㅠ 흑흑. 하지만 전 행복했어요 ㅋㅋ

하하하~ 축하, 축하!!
백 개가 넘는 달팽이 알의 보모가 된 이령이! 아주 바쁘겠어요. 수학 숙제하랴, 어미 달팽이 보랴, 달팽이 알 보랴… 최선을 다해서 잘 키워보세요. 궁금하네요. 계속 소식 전해주세요.

평화로운 기분 수채화
─────────────

올빼미 샘님에게.
샘! 저의 울새가 조류인플루엔자를 피해 다시 왔어요. 제가 마침하려고 기다리다 마침하고 나왔을 때 선생님이 수채화 시간에 알려준 누구도 용서할 수 있는 그 기분이 생겨났어요. 저도 모르게 실실 웃고 그것을 수채화로 표현하면 어떨지 생각해냈는데, 글쎄 내 눈 앞에는 학교 돌멩이밖에 안 보였어요.
눈을 감으니까 그냥 노란 물결이 출렁이는 것 같았어요. 그렇게 생각하며 버스 타러 가다가 어떤 아줌마를 만나서 인사를 했는데 그 아줌마가 인사를 안 받아줬어요. (아마 인사를 못 봤을 거예요.) 그러자 그 기분이 물방울처럼 깨지는 거예요.

2학년 수채화
- 세 가지 색의 만남

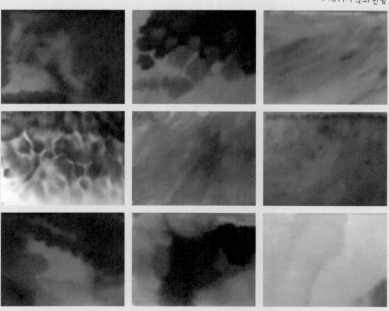

지금은 선생님이 말한 그 '평화로운 기분 수채화'를 생각하면 금방이라도 터질 것 같은 무지갯빛 물방울이 생각나요.

2008년 6월 11일

마침

모든 수업에는 열기와 마침이 있다. 밤과 낮이 있고 달이 기울고 차오르며, 봄, 여름, 가을, 겨울 계절이 바뀌듯 배움을 귀하게 여기고 수업이 잘 이루어지도록 마음을 담는 열기와, 진행된 수업의 내용과 배움을 잘 소화하고 마무리하여 마침을 한다. 시작과 끝의 경계를 지워주는 일종의 의식(ritual)이다. 주로 다 함께 시를 낭송하면서 마무리한다.

내 경우는 마침시를 학년마다 다르게 했다.

1, 2학년
이제 수업을 모두 마치겠습니다.
우리가 최선을 다했다면
우리가 공부한 것은 계속 남아서
지혜가 되고 사랑이 되고 힘이 될 것입니다.

4, 5, 6학년
축복 가득한 태양이여
우리를 비추는 커다란 장작불처럼
우리의 마음이 환히 빛나게 하소서
창문가에 세워놓은 촛불이
폭풍 속을 헤매는 이들의 빛이 되어주듯이

이령이 글을 대하자마자 그 오색빛 물방울이 선생님에게 건너왔어요. 그래서 마음이 환해지고, 기분이 좋아졌어요. 누군가 그런 마음을 가지고 얘기만 해도 바로 전달되나 봐요. 우리, 감기가 옮듯이 이 마음을 우리 교실에, 학교에, 집에 퍼뜨리고 다닙시다! 야호!!

친구들도 낯선 이들도 모두 따스함을 느낄 수 있도록
우리의 눈에 빛이 빛나게 하소서

7, 8학년
나는 진실해지리라
나를 신뢰하는 이들이 있음으로
나는 순결해지리라
내게 마음 써주는 이들이 있음으로
나는 강해지리라
견뎌야 할 것이 많음으로
나는 용감해지리라
맞서야 할 것이 많음으로
나는 모든 이들
적과 친구 없는 자들의 친구가 되리라
나는 용서하고
그 용서함의 대가를 잊으리라
나는 겸손해지리라
나의 부족함을 알고 있음으로
나는 하늘을 올려다보고
웃고 사랑하며 살리라.

예술 감각이 부족한 걸까요?

엄마는요, 그림을 보면 정말 예쁘다 그러는데, 저는 그 그림이 정말 예쁜지 모르겠어요.

뭐, 예를 들자면 피카소 그림? 제 눈에는 정말 이해 안 되는데 엄마는 '저렇게도 생각할 수 있구나'라고 생각한데요. 전 '참 못 생겼구나'라고 생각되는데 제가 예술 감각이 부족한 걸까요?

선생님도 5학년 때 예술 작품을 보면 '조그만 애가 낙서를 해도 더 낫겠다', '공책에 그려진 그림이 훨씬 아름답고 마음에 든다'라고 생각했죠. 그런데 세월의 힘과 아주 많은 경험이 안 보였던 것을 보게 해주더라고요!

예술 감각이 부족한 사람은 없어요. 발견을 못하거나, 키워지지 않아서 고이 잠을 자고 있을 뿐! 예술 감각이 부족한 이령이라니, 말도 안 되는 소리!

이령이는 앞으로 충분히 많은 시간들이 기다리고 있으니 걱정 붙들어 매셔요!!

내 생일

이은영 선생님, 오늘은 제 생일이기도 하고 참 행복한 날인 것 같아요. 제가 오늘 새소리를 들으러 산에 갔어요. (가서 풀벌레 소리밖에 못 들었지만) 갔더니 개암나무가 있어서 개암 열매 먹으려고 했더니 개암이 하나도 없었어요. (만약에 있었더라면 좋았을 텐데…)

그래서 아쉬운 마음 다잡고 가려는데 개암나무 뿌리 쪽에 소주병이 하나 떡하니 박혀 있었어요. 그거 빼서 버렸어요. 다음에 꼭 개암이 열릴 때 와서 개암 어머니가 저에게 아기 개암을 줬으면 좋겠어요.

추신: 답장 기일게 주세요.

2008년 10월 13일

예술 교육

발도로프학교 저학년에서는 그림 그리기, 노래 부르기, 시 낭송하기, 연극하기, 악기 연주하기, 춤추기, 다양한 움직임 등의 예술적인 활동들을 따로따로 특화시킨 수업을 만들지 않고 국어, 수학, 외국어 등 모든 수업에 담아 짜임새 있게 구성한다. 그러나 학년이 올라가면서는 각 과목별로 전문적인 예술 수업이 진행된다.

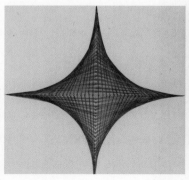

생일을 행복하게 보냈다니, 이보다 더 좋은 소식이 없네요. 생일날 산에 갔다는 것도, 개암나무에 박힌 소주병을 빼버린 것도 아주 특별하고 멋진 생일날로 만들어준 사건이네요. 분명히 산과 개암나무의 정령이 이령이의 손길과 마음을 기억할 거예요. 언제가 됐든 이령이가 산에 가면 싱그런 바람으로나 아름다운 새소리로 반갑게 인사하지 않을까요? 선생님도 4,5학년 때 시골에서 살았었는데 그때 숲에 놀러가면 개암도 실컷 주워서 먹고 가지고 놀았더랬죠. 아주 고소하고 맛이 좋았어요. 다시 도시로 이사 온 후에 사탕이랑 과자 덕분에 개암 맛을 잃어버렸죠. 게다가 어리석게 그 비슷한 맛들을 멀리하기까지 했어요. 하지만 지금은 그 맛이 무척이나 그리워요. 그 옛날 도깨비를 쫓아내고 허기를 채워주던 개암의 맛을 우리 어린이들이 진짜로 알게 되면 얼마나 좋을까요? 이미 알고 있는 이령이는 참말로 행복한 사람이에요!

쉿, 비밀이에요

선생님, 이 비밀은 꼭 지키실 거죠? 선생님, 있잖아요. 저에게 소영이, 주현이, 엄마에게만 말한 비밀이에요. 한 달쯤 전이었어요. 무심코 찌찌를 만졌는데 이상한 게 안에 들어 있는 것 같았어요.(그리고 찌찌도 좀 나왔고요)
엄마한테 물어봤더니 찌찌 몽우리가 나왔대요. -.- 그래서 ㅜㅜ 엄마가 선생님한테 알려주래요. 엄마는 원래 그래요. 요즘 사건이 정말 많이 일어나요. 가을 타나? 이상하게 죽음에 대해 생각하게 돼요. 죽는다는 건 아플까? 사람은 왜 죽어야 하지? 내가 죽으면? 엄마는 오래 못 살까? 등등…. 왠지 마음이 썰렁하고~~ 휙 정말 이상한 5학년!?!?!

2008년 10월 14일

올빼미 : 호호호~

드디어 올 것이 오고 있군요. 이령이가 여자아이에서 소녀가 되는 여행 길에 올라섰네요. 축하! 이제까지 안 보였던 것들이 베일에 벗겨지듯 하나씩 보여서, 신기하고, 놀랍고, 설레이고, 뿐만 아니라 실망도 하고 섭섭하기도 할 것이고….

이령이 말대로 이상한 5학년이 될 거예요. 누구나, 시기는 조금씩 다르지만 이런 이상한 시간들을 경험하게 돼요. 나도 꼭 이령이처럼 그랬어요.

어떤 훌륭한 사람이 죽음은 애벌레가 고치를 만들어 그 속에 있다가, 그러나 전혀 다른 아름다운 날개를 가진 나비가 되어 또 다른 세상으로 날아가는 아름다운 변형이라고 비유했대요. 원래 있던 곳을 떠나서 서운하고 섭섭하지만 아주 무섭고 끔찍한 일만은 아닌 것 같아요.

또 얘기 주고받읍시다.

우리 엄마는 너무 의심이 많아요

어느 날 제가 아빠 때문에 삐져 책상에 엎드려 있는데 엄마가 왔어요. 그래도 저는 꼼짝 않고 있었어요. 엄마가 내 모습을 보고 "김이령, 엎드려서 우는 척하면서 불량식품 먹고 있지?"라고 말하는 거예요. 울화가 터졌어요. 선생님, 어른들은 원래 이런가요?
2008 6월 17일

히히, 나도 우리 딸한테 그런 적 있는데, 정말 어른이 되면 이런가? 아이들을 진심으로 이해하는 친절한 어른이고 싶은데, 조바심에 우리 아이가, 우리 학생이 행여나 조금이라도 잘못될까 봐 노심초사 먼저 넘겨짚고 그러네요. 그리고 삐진 거 풀자고, 웃겨볼라고 그런 거 아닐까? 모두 다 사랑하기 때문이야~

글씨를 잘 쓰고 싶은데

올빼미 선생님에게
선생님, 저는 글씨를 잘 쓰고 싶은데…. 이젠 남자애들한테까지도 글씨체가 밀려요. 그리고 맞춤법을 너무 많이 틀려서 다른 애들한테 편지 보내기가 너무 어려워요. 특히 아이 어이가 어려워요. 여름 연수에 예람 언니랑 나랑 뒤에 앉고 시연이랑 유진이랑 앞자리에 앉아서 편지 보내기를 하고 있었는데 내가 택배를 텍베라고 썼다고 해서 너무 기분이 나빴어요. 유진이는 일부러 그러지 않

았을지 모르지만 ㅜㅜㅜ 우우, 어떻게 하죠.

울 거 같아요. 심각해요!!!!

선생님은 허수아비인가?

선생님이 아무 말도 안 하는데… 저희들이 무슨 '똥 묻은 개가 겨 묻
은 개 보고 나무란다'더니, 그 친구들도 틀릴 때 많이 있어요. 너무 신
경 쓰지 말아요. 헷갈리는 것은 어느 순간 '아, 이렇게 다르고 저렇게 구
별해 써야 하는구나' 하고 알게 되는 순간이 올 거예요. 이령이가 '에'와
'애'를? 쓸 때마다, 읽을 때마다 마음을 쓰면 분명히 정확히 알게 될 거
예요.

창세기 이령 성경

— 엄마들이 살이 많은 이유

이령님이 가라사대

엄마는 이 땅에 행복을 전하라 하였다.

그러나 엄마들이 행복 대신 잔소리를 전해

이령님은 노하시여 엄마들에게

살이 많아지는 벌을 주셨다.

아이들은 이령님을 받들고 찬미하였다.

그때부터 엄마들이 살이 많아졌다.

— 그 밖의 이야기

이령님의 성이 김씨여서 김씨가 대한민국에 가장 많도다.

우하하하 깔깔깔 갈갈갈 커억커 우히히히 허엉 엉엉
아이고, 배, 배꼽! 어데 갔노? 아이고, 뱃가죽이야. 웃느라고 이령님이
내린 '살 많아라'가 조금 줄어든 것 같네!
그동안의 피로를 날려주네요. 아무튼 감사 Thanks!
'올새'를 너무 늦게 돌려보내서 미안 미안 미안!
올새야, 요즈음 잘 지내니? 무슨 생각을 하면서 사니? 학교는 재밌고?
엄마랑 수다는 여전한지? 올새네 담임샘은 멀쩡해 보이는지? 올빼미가
귀가 간지럽던데…. 궁금증 좀 풀어주렴.

선생님은 저한테 제2의 엄마예요

선생님, 저는 그리스 신화를 하면서(?) 정말이지 많은 걸 배운 것 같아요. 열두
신에 대해 알게 됐고 헤스티아가 디오니소스에게 자리를 줬지만 괜찮아요. 12
신이 아니어도 위대하고 따스하니까요.
엄마와 수다는 더욱더 시끄러워졌어요. 한번은 엄마, 선재, 내가 같이 차를 타
고 가는데 나와 선재가 "내 말부터 할래." 하고 싸웠어요. 그래서 엄마가 "자, 이
령이 5분하고 선재 5분 하자." 하고 말했어요. 내가 말하고 있는데 선재가 "빨
리! 빨리! 끝내." 하고 소리쳤어요. 선재가 말할 차례가 되자 선재가 막 우는 거
예요. "내가 하고 싶은 말 까먹었잖아." 하면서….
어제는 TV 보며 엄마랑 말하는 게 좋았어요. 엄마가 행복하고 자식 잘 키웠대

요. "니네처럼 엄마 사랑하는 애들이 어딨냐?" 하면서.

선생님, 선생님은 저한테 어떤 사람인지 궁금하죠? 저는 선생님이 저를 어떻게 생각하는지 궁금한데요. 선생님은 저한테 제2의 엄마예요. 잔소리도 하고 따스하고 내가 원하는 말 했으면 좋겠는데 막 이상한 말 하고….

제가 책을 너무 봐서 엄마는 저에게 좋은 책을 사주지도 골라주지도 않아요. 선우네 엄마가 (그러는데) 애들이 책을 싫어하는 것 같으면 엄마가 걱정돼서 책을 골라준대요. 그래서 제가 "엄마, 나 책이 싫어지는 것 같아." 하자 엄마의 짧지만 박히는 말, "그거 잘됐네."

ㅜㅜ 너무 슬프죠?

추가 설명: 예를 들자면 "엄마 걔는 너무 나쁘대." 이러고, 엄마가 "그래 걔는 너무 나빠." 그러길 바랬는데 "너가 참아."라고 말하는 경우처럼요.

100% 아부 아님. 선생님, 저는요, 제가 선생님한테 배우는 자체가 너무나 좋은 일이라 생각해요.

이 글은 선생님이 너무 걱정 많이 한다고 생각하실까 봐 안 쓰다가 엄마가 선생님 위로가 될 거라고 해서 썼어요.

엄마의 특명으로 썼거나 그냥 썼거나 이령이의 마음을 선생님은 아주 자알, 잘 알고 있어요.

힘들고 지쳐서 나락으로 떨어질 것 같았는데, 이령이의 글을 보고, 다시 환한 빛이 있는 세상으로 '뿅' 하고 올라왔어요. 선생님한테 뽀빠이의 시금치는, 영양제는 여러분의 사랑이에요. 늘 고마워요!

6학년(2009년) 울새

시가 너무 좋아요

선생님, 이 시가 너무 좋아요.
나도 이런 시를 지어봤으면….

해님 해님
하늘나라 황금의 문을 열고 사뿐히 날아주세요.
내가 스스로 빛날 때까지
나를 비추어주세요.

선재 유치원 책에 있었는데 너무 아름답죠?
선생님은 아실지도 몰라요.

이령이는 충분히 빛나는 시인이에요. 이 시를 읽고 감동한다는 것은 이
미 이 시의 느낌이 이령이 안에 있었기 때문이죠.
그동안 이령이가 보여준 글과 시는 앞으로 이령이가 어떻게 자랄까? 마

구마구 궁금해지게 만들고 엄청난 기대를 하게 만들지요.

인도의 딸

제가 어제 「인도의 딸」이라는 책을 봤는데 너무 감동적이었어요. 인도에서 콜리라는 열세 살 소녀가 조혼을 했는데 하리라는 남편이 죽게 되어요. 그래서 어린 과부가 되는 거지요. 인도에는 콜리 같은 여자가 참 많대요. 세상이 참 불공평하다는 생각도 들었고요.

다행이 이 책에 나오는 콜리는 사랑하는 사람과 결혼을 해요. 그렇지만 콜리 같이 다시 결혼하는 과부는 얼마 없대요. 저는 처음 보는 분야의 책을 보니 너무 감동적이었고 이 책을 가지고 올 때의 설렘은 잊을 수 없을 것 같아요. 뻥이어요. 왜냐하면 저는 도서관에서 책을 갖고 올 때마다 설레니까요. 빨리 답장 써주세요.

추신: 선생님도 이 책 안 보셨으면 한번 봐보세요!

이령이 글을 읽는 순간 '나도 읽고 싶다.'라는 생각이 머리끝에서부터 발끝까지 쪼르르~ 정말 흥미로운데요.

지구 저편 13세 소녀는 벌써 결혼도 하고 삶의 여러 가지를 일찍부터 경험하네요. 우리 아이들과 어떻게 다를까? 어른의 세계에 일찍 눈을 뜨게 되어 어린 시절을 그리워할까? 기쁨, 슬픔, 노여움 등 여러 감정을 혼자서 어떻게 보듬을까? 궁금궁금.

선생님이 도서대출증도 없고 갈 시간도 많지 않고 이령이가 좀 빌려주면 안 될까?

스트레스 만빵이에요

선생님,

저 요새 스트레스 만빵이에요(～～ 때문에 너무 힘들어요).

맞춤법도 못하고, ○○○때문에 오케스트라에서 짜증나 죽고, 하는 척, 안 하는 척, 잘난 척이나 하고, 어른들은 질투하지 마라, 울지 마라, 이령이 자신을 이겨보라, 이 따위 말만 하고, 엄마하고 매일 싸우고, 선재 때문에 짜증나고, 남자애들은 나에게 정신병자라고 하고, 일기 써도 봐주는 사람 없고, 박세혁은 만날 때마다 발로 차고 남자애들한테 인기 지수 12등에다(하긴 쓸모없는 남자애들한테 인기 지수는 상관없지만) 그런 와중에 운다고 울보라고 하고, 일주일에 시험은 4번이나 보고, 그때마다 힘들어 죽겠고!!!

마니또에서 선물 안 준다고 뭐라 하고, 사촌 동생 태어나 찬밥 신세에, 인형 바느질 삐줄빼뚤(삐뚤빼뚤), 누군가와 날 비교하면 특별히 잘하는 것도 없고, 이렇게 말하면 어른들은 비교하지 마라 그러고. 체조에서도 남자애들은 물어보면 이미 '내가 이야기했는데 듣지 않아서 물어본다' 혼날까 봐 질문도 못하고, 날마다 울고 또 울고, 목공예 시간엔 썩은 나무 갖고 와서 멋진 작품 안 나올 것 같고, (이렇게 말하면 어른들은 예상하지 마라 그러고, 책 읽고 싶은데 바빠서 하루 한 권도 못 읽고, 물리 시간에도 좋은 점수 못 받고, 영어 시간에 말 버벅거리고, 중국어 시간엔 선생님이 아브라 쌀랄 하시고, 오이리트미 시간엔 왼쪽 오른쪽 때문에 어려워 죽겠고, 하긴 이 모든 것은 내 잘못일 것이다. 하지만 너무 불행해서 썼어요. 이해하세요.

추신: 겨우 한 페이지하고 반 페이지밖에 안 되는 불만이에요. 선생님한테 할 불만 또 생각났는데 안 쓸게요. 쇼크 받지 마세요. 이 글을 '랩'으로 바꾸면 멋 있겠지유?

선생님 쇼크 안 받으니까, 마음껏 쏟아부으세요. 다행히 이령이가 스트레스로 터져버리지 않고 살아 있어줘서 고맙고 다행이네요. 선생님이 이령이에게 해줄 수 있는 것은 이령이의 '만땅 스트레스'를 다 들어주는 것밖에 없는 것 같아요.

이령이가 힘들어하는 것들 모두 다 이해돼요. 이령이가 예상하는 어른들의 충고도 하나 틀린 것 없구요. (참 ~ 잘도 알지!)

이령이가 아파하고 부글부글 끓는 만큼 이령이가 한 뼘씩 성장한다는 사실도 알고 계신지? (더 화만 부추겼나?)

어쨌든 그런 이령이 모습 모두 다 이쁘고(예쁘고) 사랑스러워! 랩이 기대되는걸! 세이 요~

다시 순진한 시절로 돌아가고 싶어요

선생님, 키 142.5cm, 재작년, 작년 꾸준히 5cm씩 자람. (적자는 아님) 몸무게 20kg (-23.1% 마른 애들은 다 이 정도임), 안경(맞췄음), 기타(이빨 빼고) 정상. 가슴은 무소식인 소녀(아직은 어린이)가 올뺌 선생님께

선생님, 선생님에 대해서 선우하고 잠시 이야기를 나눴답니다. 선우가 아니라

제가 먼저 말했죠. 어떤 말을 하다가 "선우야, 너 선생님이 어떻다고 생각해?"
"난 선생님이 단지 학교 선생님이라고 생각해. 1학년 때처럼 우리를 감싸주는
선생님, 마음 헤아리기를 주로 하는 선생님이라고는 생각 안 해."
선우 said
"나는 아닌데. 내가 울새에 편지 쓰면 선생님은 따뜻하신데, 다 답장 해주는
데?"
선우 말이 일리도 있는 것 같기도 하고 엄마와 이야기 나누면서 선생님이 더 이
상 엄마라는 존재는 아님을 실감했는데 또 내 생각이 아닌가? 싶어요.
점점 엄마한테 많이 혼나고, 선재만 사랑하는 것 같은 때가 많아지고 있어요.
선생님은 자신이란 존재가 누군지 알겠어요? 자신이 착한지 나쁜지는 알겠나
요? 또 자신이 진정 사람인지 알겠나요? 또 최근 이런 게 생겼어요. 전에는 책
을 진실처럼 느꼈는데 이젠 '책은 책이다'라고 생각이 되는 그런 사고방식이 생
기더라구요.(제 수다로 한 페이지를 넘기다니 ㅠㅠ)
다시 순진한 시절로 돌아가고 싶어요. 어쩔 땐 오늘이 시작이니 오늘을 열심히
살라니 하는 명언을 버리고.
어떤? 형식과 자유의 사이(?)인가 뭔가 하는 책을 들춰보다 문득 이런 대목을
봤죠. 대충 (어른 취급을 받고 싶어 한) 어떤 소녀가 "전 어리다구요. 어른이 아
니라구요."라고 말하는 대목을 봤어요. 저도 많이 그러는데… 왠지 제가 순진
해진 기분이었어요.
선생님, 그리고 왜 오늘 저한테 good은 정말 잘한 사람한테만 준다고 그랬나
요? 하필이면 제 라이벌인 (오정철은 그렇게 생각 안 함) 오정철 앞에서. 이럴
땐 오정철이라고 말하기도 싫어져요. 오정철은 자기가 오늘 good밖에 못 받았

다고 그러는데, 결국 나는 good조차 못 받는 사람이 되어버렸어요.

그때 제가 한 말이 너무 싫으셨나요? 왜 그랬는지 생각을 아무리 해도 이해가 안 가는데….

누군가 날 인정해줄 때가 가장 좋아요. 그래서 그런지 나는 계속해서 하락하고 있는 것 같아요. 누구 말은 이렇고 누구 말이 좋고도 인정 못하겠고 아무리 옳은 말도 너무 짜증나요. 매일 참고 또 참고. 그림 그리기도 힘들구요.

혹시 제가 너무 버릇없나요? 솔직히 선생님은 그걸 꼭 하나하나 갚아주잖아요. 뭐, 상관은 없지만.

어렸을 때 노래 지어 부르기, 춤 지어 추기, 지어서 연극하기, 새로운 놀이 만들기, 활쏘기, 미친 듯이 춤추고 노래 부르고 연극하기, 춤 중 좋아하는 것 있으세요?

추신: 오늘 한 작은 연극 중에서 가벼운 사람과 대조 중에서 무거운 사람이 꼭 나 같아서 가슴이 찢어지더군요.

에~ 제가 중학생일 때의 체격을 가지 소녀시군요. 나도 감감무소식인 가슴 때문에 억지로 러닝셔츠 위에 거시기(브~)를 하고 다녔더랬죠.

아~, 나는 착한 사람인가 나쁜 사람인가? 이 문제는 지금 이 순간도 저를 고민하게 만들어요. 매 순간! 다른 사람들을 언짢게 만들면서까지 착한 사람이 되어야 하는 순간들이 참 많은 편이에요. 당장은 기분 나쁘고 불편해할지 모르겠지만, 진정 상대방을 위해서 나쁜 사람처럼 여겨지는 말과 행동을 해야 할 때가 있거든요.

그리고 언제나 맨 꼭대기에 있고 그것을 늘 유지해야 하는 외로움과 엄청난 괴로움에 대해서 들어본 적 있나요?
샘은 여러분이 너무 부족해서, 정말 못해서 굿을 주지 않는 것이 아니라, 한 발자국이라도 더 나아갈 수 있고 옆이라도 한 번 더 쳐다보고

오케스트라

3학년이 되면 현악기를 중심으로 하나의 악기를 정해 배우도록 권장한다. 학년이 올라가면서 관악기, 타악기 등으로 영역을 넓혀간다. 6학년이 되면 학교 오케스트라에 들어가 연주할 수 있다.

외국어

발도르프학교에서는 1학년부터 두 가지 외국어를 배운다. 청계자유학교에서는 영어와 중국어를 가르쳤다. 외국어를 공부하는 까닭은 다른 언어를 통해서 사물과 세상을 바라보는 방식이 다양하다는 것을 경험하기 위해서다. '나무'는 'tree'고 또 '木'이기도 하다. 하나의 생각이 한 가지 개념에 매이지 않는다. 외국어를 통해 아이들은 새로운 모습, 새로운 느낌으로 새로운 세계로 들어간다.

저학년에서는 문자를 익히지 않고, 놀이와 노래, 교사와 간단한 일상에 필요한 대화

채우라는 뜻에서, 더 잘할 수 있는 가능성들을 펼치게 하고 싶은 욕심에 그러네요.

good을 주는 경우는 평상시와 달리 아주 정성 들여 숙제를 한 경우, 정

를 나누며 모방을 통해 새로운 언어를 만난다.

4학년부터 읽기, 쓰기를 시작하며 다양한 활동(노래, 역할극, 그리기, 만들기)을 통해 어휘를 확장하며 말하기를 심화한다.

고학년에서는 다양한 글쓰기를 시도하고, 읽기도 점차 수준을 높여가며 꾸준히 한다.

오이-리트미(Eu-rythmie)

발도르프학교에만 있는 수업 가운데 하나가 오이리트미다. 오이리트미는 그리스어로 '아름다운 리듬'이다.

눈에 보이지 않는 말과 음악을 몸의 움직임으로 표현하여 눈에 보이도록 해주는 예술이다.

오이리트미 수업은 말과 음악에 기반을 둔 동작들을 친구들과 함께 조화를 이루며 움직여야 하므로 친구를 배려하고 자신의 위치를 잘 지켜낼 수 있도록 섬세한 훈련과 협력이 필요하다.

말 토씨 하나 빠뜨리지 않고 모두 정리한 경우, 한눈팔지 않고 집중하는 태도에 굿을 준 거랍니다.

그리고 이령이는 자타가 공인하는 인정받는 사람이라고 알고 있는데요. 샘은 속 깊이 사랑하고 싶어요. 보이지 않아도 끝까지 믿어주고 지켜보는 사람이고 싶어요. 드러내놓고 입으로만 '이쁘다, 잘한다.' 하지 못하겠어요.

그리고 우리 6학년 학생들과 선생님은 말하지 않아도 서로의 진심을 아는 사이가 아닐까요?

간지러운 말 한마디!

김이령은 나의 자랑하고픈 학생이어요.

밤마다 이령이 얼굴을 떠올리며 흐뭇하게 웃는답니다!

저는 노는 게 제일 쉬워요

'저는 어렸을 때 공부가 제일 쉬웠어요.'라는 말 아세요?

선생님도 그러셨나요?

저는 노는 게 제일 쉬워요.

아빠는 낚시가 제일 쉬웠다고 하다가 자기가 공부와 낚시밖에 안 했다면서 (은근 잘난 척) 새로 산 낚시 가방을 쓰다듬고요.

엄마는 우리 예뻐하는 게 쉽대요. (우웩! 순 뻥 아닐까요?)

선재는 뽑기 뽑는 게 제일 쉽대요. (요사이 푸우 옷 입히기 뽑기에 빠져서)

선생님은 (?   )이 제일 재밌었어요?

(위) 8학년 학예발표회에서 봉산탈춤을 췄다.
(아래) 4학년 삼지행사 때 답청하기

155

추신: 엄마한테 이를 읽어주며 멋지지? 했더니

엄마 왈 : 유치하구만

나 왈 : 엄마는 날 예뻐하는 게 제일 쉽다면서 왜 그래?

엄마 왈 : 뭐, 예뻐하다 보니 친근해서 그렇다.

나 왈 : 그건 잘못하는 거야. 사과해! 사과해!

엄마 왈 : 어휴, 그래, 소리할게. 사과할게, 미안. 이령 승!

샘은 어렸을 때 공부가 가장 쉽지 않았고요.

그 어떤 사람은 공부가 가장 쉽다고 할 만한 곡절이 필시 있을 것이구만요. 오죽하면 공부가 쉬웠을까? 실컷 놀아도 모자란 나이에 공부가 쉬울 수밖에 없는 사연이 있을 거예요.

나는 물론 노는 것이 가장 쉽기도 하고 좋기도 했죠. 상상하고, 재미난 책 읽는 것도 좋구.

지금 가장 쉬운 건 뭘까? 은근히 어려운 문제네요. 쉬운 것이 하나도 없는 것 같으니. 흑흑

이령이 요즈음 아주 잘하고 있단다. 멋있어!!!

글쓰기는 담백하게 쓰는 게 제일 좋아요

선생님, 선재 이야기 하나 해드릴게요.

제가 엄마하고 이야기하다가 "노무현이 살아 있을 때 욕하면서도 (막상) 돌아가

시니까 '지못미 지못미'(지켜주지 못해 미안합니다.) 하는데, 이명박 대통령이 돌아가셔도 욕하던 사람들이 '지못미 지못미' 할 거 아냐?"

우리 반 애들이 이명박보다 못났다. 이런 이야기를 하고 있는데 (내용이 잘 이해 안 됨)

근데 자기가 뭘 좀 알아들었는지 김선재 하는 말,

"그럼 이명박은 이못미 하면 돼?"

"이못미는? 이명박 잊어주지 못해 미안합니다?"

이명박 못난이 완전 미워인가? 잊어주지 못해서 미안합니다인가? ㅋㄷㅋㄷ

어느 날 선재가 방과 후에서 돌아와서 하는 말,

"엄마 놀이터에서 놀고 있으면 아줌마들이 와서 나한테 잘생겼다고 그래."

위의 모든 글들을 다 끝맺지 못했습니다

선생님, 요새 바쁘다고 책을 많이 안 봤더니 글쓰기 능력이 원시시대로 돌아가는 것 같아요. 위의 글들도 끝맺지 못하고….

제가 글 쓰는 것도 꽤 좋아하지만 제가 쓸 글, (이제 자뻑 스타트. 양동이 준비) 바쁘고 자유롭게 쓴 멋진 글을 보면서, '아! 정말 담백하고 문제 있게 썼다.' 하면서 혼자 자뻑하거든요. '글쓰기만은 나 정말 잘한다.' '이것만은 상위급에 속해보고 싶다.' 그렇게 생각해요.

전 글쓰기(시 절대 아님)만은 정말 잘했다 하는 때가 있어요. 보통 만들기, 연극. 체육, 영어, 수공예. 목공예. 음악 오이리트미 등등 모든 수업에서도 전 만족할 수가 없는데 글쓰기는 '정말 잘 썼다'라는 생각이 들 때가 있는 저한테는 아주

귀중한 학문인데…. 글쓰기는 담백하게 쓰는 게 제일 좋아요. 안 그러면 지루해지고요. 또 글쓰기를 하면서 자기만의 문체를 가진 작가를 따라해보는 것도 재밌고, 써서 추억만 해도 재밌는데 요새 책을 안 읽으니까 담백함은 어디 가고 흐느적만 남아서 우울해요. 또 왠지 LSY 글과 비슷해진 것 같아서요.

오랜만에 이령이 글을 보니 역시 재밌다! 깔깔깔!
선재는 커서 뭐가 될꼬? 궁금해!
머릿속에 재밌는 말들이 꼬물꼬물 기어다니는가 보다.
이령이는 글쓰기 연습을 누가 가르치지 않아도 시키지 않아도 정통으로 제대로 그것도 스스로 즐겁게 하니 나로서는 그저 행복. 랄라랄라~.
여전히 담백함이 있으니 걱정 마시고, 견주고 비교하는 것은 고통의 시작이라는 것을 명심하시오. 인생의 씁쓸한 맛은 비교 경쟁하느라 즐길 수 없다는 데서 온답니다! 함정에 빠지지 마세요.

Dear 잔다르크

나보단 아니지만 당신 또한 어린 소녀였을 거라 생각합니다.
이 글을 쓰는 이유는 제가 공책에 쓰는 당신의 글을 너무 못 써서 미안하다는 겁니다. 당신의 이야기를 멋지게 쓰기에는 제가 너무 부족하거든요.
당신은, 어린 소녀가 그토록 멋지게 빛날 수도 있다는 게 놀랍고 감탄스럽습니다.
당신을 통해 기독교 예수를 믿는 자들의 힘을 느꼈습니다. 전에는 '예수를 믿

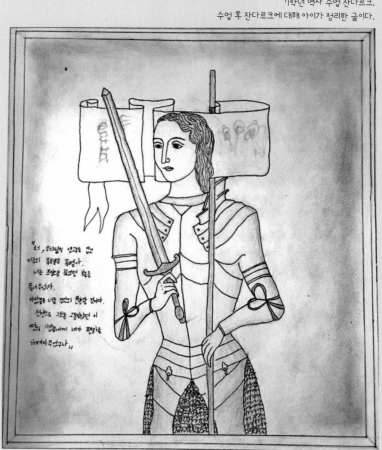

는 자의 아름다움' 따윈 못 느꼈죠. 기독교 생각하면 기껏해야 불신지옥, 자신이 성스럽다고, 하느님 말씀을 전한다는 자만심이 넘쳐흐르는 신부님, 이상한 선생님, 지독한 광신교, 교회 유치부의 아이를 속 좁게 만드는 노래와 비디오 등이 생각나죠.

당신도 어찌 보면 광신자, 종교를 미치도록 전파하려는 사람처럼 보일 수 있습니다. 전 그렇게 느껴지지 않는 거 있죠. 전 당신에게 '위대하다'라는 단어보다 '멋지다'라는 단어가 더 어울린다고 생각합니다.

당신이 화형당하는 그 순간에 십자가를 두 손에 모아 쥐고 당당한 미소와 함께 고개를 떨구는 그런 순간을 생각해보았죠.

아, 그 순간 당신은 정말 멋졌죠. 하늘을 올라가며 쓸쓸한 미소는 아름다움으로 가득 찼을 거라고 난 생각해요. 동시에 소식을 들은 프랑스 평민들이 지켜주지 못해 미안하단 애도의 목소리도 들리는 듯합니다. (사실 이건 제가 상상했지만요.)

희망을 가지세요. 몇백 년 전 살던 당신은 2010년 열네 살 아이에게도 많은 여운을 남깁니다.

일기 글은 언제 읽어도 쪽팔려요

선생님이 궁금하다는 글 일기에 남깁니다.

선생님, 일기 글은 언제 읽어도 쪽팔려요. 사실 전 제 거의 모든 글이 언제 읽어도 쪽팔리죠. 일기들은 더~ 쪽팔려요. 왜냐하면 한순간의 감정을 뒤죽박죽으로 적은 것이니깐.

선생님께 이 글을 보여준 이유는 이 글의 양을 보여주기 위해서예요. 전 이 글을 쓰는 데 10분밖에 안 걸렸는데 잔다르크 설명문 쓰는 덴 1시간 넘게 걸렸거든요. 제 생각이긴 하지만 살아가는 데에는 잔다르크 설명문 쓰는 능력이 더 필요하지 않을까요?

사실 잔다르크 설명문이 쓰기 싫어서 그보단 좋아하는 이런 글을 썼다는 것이 더 말 돼죠. .ㅋ ㄷ ㅋ ㄷ

근데 선생님, 솔직히 봤죠? 이 글?

들춰는 봤지만 제대로 읽어보지는 않았어요.

음~, 잔다르크 정리하는 능력…, 물론 필요하지요. 그보다 더 앞서는 것은 자신이 행복할 수 있어야 한다는 것. 내 마음의 평안과, 자기 자신을 돌아보기 위해 술술 막힘없이 써 내려갈 수 있는 능력이 있어야 뭐든지 가능해요.

자기 마음조차도 표현할 줄 모르는 사람이 어떻게 다른 사람의 말에 귀 기울이며 공감하며, 글로 정리할 수 있겠어요. 이령이는 나름대로 마음의 건강을 유지하는 좋은 비결을 알고 있는 것 같아요

맹렬히 발전하는 애들 보면 애가 타요

선생님, 지금이 몇 시인 줄 아세요?

지금은 일요일 밤 8시 53분이에요.

근데 숙제 하나도 안 했구요.

오늘 저 갑자기 왜 이러는 걸까요? 헛바람이 불었나요? TV도 어젯밤 월드컵 본 게 고작인데 숙제가 너무 하기 싫은 것 있죠?

하지만 전 숙제 안 해서 혼나는 것도 싫구요. (이건 참 뭐하자는 건지?)

요즘 더, 더 수업 열심히 듣고 숙제 열심히 하려고 해요. 더, 더, 더 뭐도 잘하고 싶고, 뭐도 잘하고 싶고. 근데 전 더, 더 수업 제대로 안 하고 숙제 대충하고 뭐도 못하고, 뭐도 못하고 있거든요?

선생님, 어떻게 하면 좋을까요? 맹렬히 발전하는 애들 보면 애가 타고 내 발전은 토끼와 거북이가 돼요. (아주 느리고 게으르고 그러면서 자기가 가진 능력에 만족하지 못하는 거북이 말이죠.)

열심히 하는 것보다 더 수완 좋은 공부 방법을 찾고자 해요. 괜찮은 방법 좀 가르쳐주세요.

열심히 하는 것보다 더 수완 좋은 공부 방법, 그걸 알았다면 이령이의 담임이 되지 않았을걸.

나의 길도 아직 멀었단다. 우리가 서로 원하는 걸 언제쯤이면 알고 깨닫게 될까? 먼저 알게 되면 서로 가르쳐주기.

도사님 같은 이야기보다 이령 양! 너무 자신을 채근하지 말고 그냥 찜끔만 게으름 부려도 돼요. 이령이는 오히려 이런 경험이 필요할 수도 있어요.

거북이에 대한 이령이의 해석이 너무 부정적인데? 잘하고 발전한다는 게 뭘까? '이령'이라는 '씨앗'이 어떤 꽃을 피우고, 열매를 맺을지 아직은 알 수 없어요. 다른 친구들도 마찬가지고요.

너무 애 태우지 말고, 한두 번 혼나기도 해보고~ 재밌잖아요. 이령이가 숙제 안 했다고 샘이 이령을 천하의 게으르고 불성실한 학생이라고 생각하지 않아요! 저얼대! 재치 가득, 예술 감성 풍부, 똑똑한 이령이가 금방 귀환할 줄 아니까~

콧잔등이 시큰거리는 걸 못 참고 그만… 그런 것 같
아요. 학급회의가 끝나고 나서(바로지만) 몰래 울어
서 다행이지 안 그랬다면 찌질이나 울보라는 소리
를 겉으론 드러나지 않는 마음의 화살로 맞아야 했
을 거예요. 저한테 쌓여 있던 게 너무 많았나 봐요.
그래서 솔직히 100프로로 이렇게 길게 썼나 봐요.
애들 이름은 일부러 쓰지 않았어요. 항
상 그런 애들이잖아요… 누구누군지
아시죠? 선생님이 보실 때는 이렇
게 보이지 않을지도 모르지만 제
입장으로 볼 때는 이렇습니다. 저
정말 솔직히 썼어요.

긴꼬리케찰의
편지

3학년

2006년 6월 5일

올빼미에게
우리나라에 있는 새들 중에 누가 가장 좋아요?

요즈음 학교 앞 논에서 볼 수 있는 백로, 청둥오리들도 좋고, 덤불 속에
무리 지어 사는 붉은머리 오목눈이, 박새, 참새, 곤줄박이들도 귀엽고
…, 모두 좋은 점들을 하나씩은 다 가지고 있는 것 같아 다 좋아.

2006년 6월 14일

올빼미에게
어제 아침에 제가 개망초 꽃을 들여다보고 있을 때 갑자기 무당벌레가 나타났
어요. 그리고 조금 있다가 메뚜기가 보이고 또 조금 있다가는 다른 메뚜기가 제
팔에 뛰어올라 왔다가 다시 풀밭으로 돌아갔어요.

166

3학년 창세신화를 공부한 후
그림으로 정리했다.

벌레들은 사람들이 나타나면 화들짝 놀라서 얼른 도망가기 바쁜데, 소영이는 자기들한테 해꼬지 안 할 친구라고 여겼나 봐요. 《나랑 같이 놀자》라는 그림책이 떠오르네요. 소영이처럼 얌전하고 예쁜 여자아이에게 개구리, 어치, 뱀, 사슴, 거북이들이 다가와 친구가 되는 이야기예요. 소영이에게도 이런 일이 생길 것만 같은데!

2006년 6월 17일
────────

올빼미에게
어제 아침에 학교 와서 정아랑 현정이랑 바깥에서 놀고 있었어요. 그런데 갑자기 제가 보고 있던 풀이 움직였어요. 가까이 가서 봤더니 조그만 청개구리가 한 마리 있었어요. 또 옆에서는 커다란 참개구리가 뛰어가고 있었어요. 그리고 다른 풀에서는 청개구리가 또 있었어요.

《나랑 같이 놀자》

마리 홀 예츠(1895–1985)의 그림책으로 작고 어린 여자아이가 들판으로 놀러 나와 메뚜기, 거북이, 다람쥐, 어치, 뱀, 사슴을 발견하고 친구가 되는 과정을 담고 있다. 밝고 따뜻한 노랑색을 바탕으로 늘 웃으며 지켜보고 있는 하얀 해님이 있는 들판에서, 누군가랑 놀고 싶어 다가가면 달아나는 동물들 때문에 섭섭하고 쓸쓸해하는 아이의 마음이 섬세하고 예쁘게 그려져 있다. 시무룩해져 가만히 앉아 있는 아이에게 모여드는 동물 친구들 덕택에 '아이, 좋아라. 정말 행복해.' 하며 환하게 웃는 꼬마의 얼굴이 정말 백미인 아름다운 그림책이다.

조그만 청개구리! 나도 오늘 밭에서 김매다가 봤지요! 색깔이 어쩜 그렇게 맑고 선명한 초록빛일까! 소영아, 참개구리는 우리가 논에서 흔히 보았던 얼룩덜룩한 무늬가 있고 청개구리보다 조금 큰 개구리지요? 내가 잘못 알고 있으면 자세히 알려줄래요?

2006년 6월 20일

올빼미에게

선생님 죄송해요. 제가 참개구리에 대해서는 잘 몰라요. 그래서 달팽이 이야기
를 해드릴게요. 달팽이는 당근을 먹으면 당근색 똥을 싸고, 상추를 먹으면 하
얀색 똥을 싸요. 그리고 달팽이는 날카로운 칼날 위에서도 잘 기어가요. 그리
고 달팽이는 원래 물속에서 사는 고동이 뭍으로 나와서 살다가 이제는 사람처

동물학

4학년에 배우는 동물학은 '사람과 동물'이라는 제
목으로 진행되며 사람과 동물이 각각 어떤 존재이
며 어떻게 다른지 생각해보고 동물들의 특성을 배
우는 과목이다. 제 몸과 친구들의 몸을 자세히 보
고 만져보며 사람의 몸이 어떤 구조이고 어떻게 움
직이는지를 발견한다. 그러고는 동물처럼 네발로 기
어 다니며 교실 안 탐험을 시작한다. 손발은 자유롭
지 않고 얼굴은 땅을 보게 되어 고개를 쳐들기 힘
들고 가려워도 제대로 긁을 수 없고…, 금방 지치
고 힘들어진다.

활동을 마치고 나면 아이들은 하나같이 느낌들을 쏟아낸다.

"우와! 허리를 펴고 발을 딛고 서 있을 수 있어 정말 좋아요."

"사방팔방 다 둘러볼 수 있고 손으로 깨끗하게 뭔가 먹을 수 있어 좋아요."

"동물은 앞발을 손처럼 쓸 수가 없네요."

"악기 연주도 못하고 엄마 어깨도 못 주물러 드리고…."

럼 뭍에서 숨을 쉴 수 있어서 이제는 물속에 들어가면 안 된대요.

우와! 달팽이 박사님! 멋져요!
4학년 때 동물학 시간이 기다려지는데요! 아마도 개구리에 대해서 배우게 될지 몰라요 그때 소영이가 신나게 개구리에 대해서 공부하는 모습이 보이는 듯해요!

그리고 나면 아이들은 이야기를 듣는다. 눈은 어둡지만 냄새를 잘 맡고 소리를 잘 듣는 시골쥐가 먹이를 구하려고 부엌이며 광이며 시렁 위를 아슬아슬 꼬리로 균형을 잡으며 종횡무진 돌아다니는 이야기에 아이들은 숨을 꼴딱꼴딱 삼킨다. 멀리서 듣기만 해도 전신을 마비시키며 오금을 저리게 하는 호랑이의 포효, 번개 같은 눈빛, 사냥감에 소리 없이 접근해서 엄청난 도약으로 넘어뜨리고 목덜미를 날카로운 송곳니로 물어뜯는 호랑이 이야기를 숨죽인 채 듣는다.
마치 살아 움직이는 동물의 생활과 습성을 눈앞에서 보듯 들으며 각 동물들의 특징을 배운다. 동물은 사람과 달리 환경에 따라 생존을 위해 어느 한 부분이 전문화되는 쪽으로 발달되어 있음을 알게 되면서 경이로움을 느낀다.
또한 아이들은 사람과 동물의 다른 점을 발견하는데 사람 역시 자연의 일부로서 동물을 존중해야 하며 함께 살아가야 한다는 것을 느끼게 된다.

올빼미에게

사실 전 그그저께 기분이 조금 안 좋았어요. 아침에는 괜찮았어요. 그런데 수영하러 가려고 버스 기다릴 때, 모래로 애들이 탑을 만들고 있었어요. 그중엔 유진이랑 유정이랑 김지원이랑 휘연이가 있었어요. 그때 저랑 황지원이 같이 놀았어요. 그래서 탑을 쌓고 있었어요. 그리고 구멍을 뚫어서 터널을 만드는데 휘연이가 모르고 탑을 무너뜨렸어요. 다른 애들도 다 실수를 한 번씩 했어요. 그런데도 유진이랑 유정이는 휘연이 보고 화를 냈어요.

그랬군요. 친구들이 별것도 아닌 것에 화내면 마음이 언짢아요. 선생님도 그래요. 유진이, 유정이도 친구들의 실수를 참고 참다가 하필이면 휘연이에게 화를 낸 거 같네요. 진짜 속마음은 모두들 서로 좋아하는데, 상황이 이상하게 흘러갈 때가 있어요. 특별히 미워서 그런 건 아닐 거예요. 좋아하는 마음보다 아주 작은 실수에 대해 마음이 크게 쓰였나 봐요. 선생님도 좋아하는 마음을 잘 표현하려고 노력해요.

2006년 6월 31일

올빼미에게

선생님! 남자애들은 자꾸 여자애들을 놀려요. 그래서 여자애들이 왜 그러냐고 그러면 화를 내요.

172

하하하~ 남자애들이 좀 짓궂어요. 속으로는 여자애들하고도 재밌게 놀고 싶어서 저희들이 좋아하는 방식으로 표현하는 거예요, 쑥스럽고 민망하니까 괜히 더 화내는 걸 거예요. 아직 여자애들이랑 어떻게 놀아야 하는지 잘 모르나 봐요. 우리 좀 더 지켜봐요!

2006년 7월 5일

올빼미에게
선생님. 6월부터 시작한 문법 참 재미있어요. 앞으로도 많이 배울 거죠? 그리고 제가 왜 참과 왜를 주황색으로 썼는지 알아맞혀 보세요.

어찌말이니까!! 배우자마자 일상생활에서도 규칙을 적용하는 소영이가 정말 기특하네요! 소영이는 특히 어찌말에 관심이 많은가 봐요?

2006년 7월 7일

선생님. 요즘에 기분이 안 좋아 보이던데 무슨 안 좋은 일이라도 있어요?

아~ 우리 소영이,
선생님 마음도 헤아려주고 정말 고마워요. 소영이가 걱정해주는 마음에 선생님 시름이 다 날아가네요!

2006년 7월 28일

올빼미에게

선생님, 전 오늘 마루 위에서 비가 오는 소리를 들었어요. 그러다가 갑자기 머릿속에서 시가 떠올랐어요. 그래서 시를 바로 종이에 옮겨 썼어요.

문법 수업

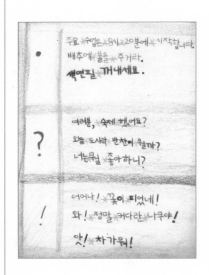

1학년에서는 글자를 처음 배운다는 것을 전제로 한글의 자·모음을 공부한다. 소리가 어떻게 추상적인 기초인 글자가 되는지 각각에 맞는 이야기와 그림을 통해서 아이들이 낯선 글자들을 설득력 있고 친밀하게 받아들일 수 있도록 가르친다. 2학년에서는 우화와 성인 이야기를 텍스트 삼아 문장을 구성하고 아이들이 쓰고 읽으면서 글을 온전히 깨치도록 한다. 이때부터 교사는 3학년 이상에서 배우게 될 문법을 염두에 두고 품사별로 서로 다른 색깔로 글을 쓰도록 유도한다. 띄어쓰기와 기본적인 문장부호도 설

2006년 8월 1일 화

올빼미에게

오늘 전 외할머니 댁에 기차를 타고 갔어요. 또 도마뱀도 봤어요. 도마뱀이 너무 예뻐요.

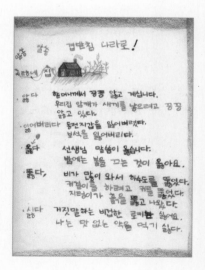

명 없이 따라 쓰게 한다.

3학년이 되면 문장을 이루는 기본적인 품사 6가지(명사, 동사, 형용사, 부사, 관형사, 조사)와 문장부호(온점, 느낌표, 물음표, 큰따옴표, 작은따옴표, 반점)를 배운다. 아이들은 2학년 때 각기 다른 색깔들로 낱말을 썼던 것을 떠올리며 왜 그랬는지를 기쁘게 발견하면서 배운다. 슈타이너가 빨리 문법에 관한 연습을 도입하라고 한 이유는 개념화된 질서와 구조를 익히는 것이 아니라 언어가 가지고 있는 특성과 다양성을 경험하게 하라는 것이다.

2006년 8월 15일 화

올빼미에게
올해 숙제는 너무 어려웠어요. 조금만 쉽게 내주세요.

2006년 8월 21일

올빼미에게
전 오늘 숙제를 열심히 했어요. 오늘은 쉬워요.

2006년 8월 23일

우리 외할머니 댁에 조그만 아기새 같은 새가 날아왔어요. 그 새는 너무 귀여웠어요.

방학 동안 소영이가 뭘 하며 지냈는지 눈에 선하네요! 숙제하다가 앞마당에 나와서 풀이랑 벌레도 지켜보다 세혁이랑 놀다가…. 예쁜 그림 같아요. 그리고 소영이가 쓴 그 시를 꼭 읽어보고 싶어요.

2006년 8월 31일

올빼미에게

노래 가사(앞에서 시)는 이렇게 돼요.

비가 내립니다. 비가 내립니다.
우리 집 밖에도 비가 내립니다.
번개도 치고 천둥도 칩니다.
번개가 칠 때는 번쩍번쩍
천둥이 칠 때는 우르르 쿵쾅

선생님 생각에는 제가 글씨를 조금 삐뚜르게(삐뚤게) 썼다고 생각하세요? 전 그렇다고 생각해요.

조금, 아주 조금 삐뚤지만 전체적으로는 반듯하고 예뻐요. 정성 들여 쓴 마음이 느껴져요. 정말 멋진 시예요. 비 오는 날이 눈앞에 생생하게 떠올라요!

2006년 9월 12일

올빼미에게

선생님, 지원이가 케냐에 가서 학교에 없으니 조금 쓸쓸하네요. 선생님도 그런 생각 안 드세요? 그리고 지원이가 케냐에서 편지라도 좀 보내주었으면 하는 생각도 드네요. 왜 그러냐면 지원이한테 잘 못해줬던 것 같아서요.

그래요. 허전하고 쓸쓸해요. 아빠 직장 때문에 전학을 간 지원이도 케냐에서 새로운 상황에 적응하느라 짬이 없나 봐요. 지원이도 우리 반 친구들이 많이 그리울 거예요. 밤에 잠들기 전에 지원이를 떠올려볼까요? 선생님이랑 같이! 그러면 우리 마음이 지원이 꿈속에 전달되지 않을까?

2006년 10월 9일

선생님! 10월 1일에 가을 축제 했었잖아요. 그때 시연이랑 이령이가 날개가 찢어진 나비를 발견했어요. 그래서 유정이랑 풀잎이랑 부드러운 민들레 씨처럼 생긴 씨앗을 깔아서 보금자리를 만들어줬어요. 그 나비는 잘 날지 못했어요. 그렇지만 걸을 수는 있었어요. 보통 나비는 사람 손 위에 올라오는 일이 없었지만 그 나비는 제 손에도 올라왔어요. 나비의 이름은 '활발이'라고 지었어요. 전 활발이가 너무 불쌍했어요.

추석 연휴 동안 활발이는 어떻게 지냈을까? 살았을까? 죽었을까? 어쩌다가 예쁜 날개가 찢어지게 되었을까? 날개를 다치기 전처럼 건강하게 날아다니라고 '활발이'란 이름을 지어준 여러분이 무척 자랑스러워요. 여러분의 예쁜 마음이 활발이를 낫게 하면 얼마나 좋을까요! 다음에 더 예쁘고 튼튼한 나비가 되어 만날 수 있도록 기도해야겠어요.

2006년 10월 12일

선생님! 공사하는 아저씨들이 말도 안 하고 6학년 언니, 오빠들과 우리가 아끼던 해바라기, 코스모스 등등 예쁜 꽃들을 없애버렸어요. 그것 때문에 마음이 너무 아파요.

그래요. 선생님들도 너무 속상해서 집중해서 교무실에서 일을 못할 정도였어요. 학교 땅이 아니라서 적극적으로 말릴 수가 없었어요. 실망하지 말고 다른 기회를 찾아보아요! 구석구석 자투리땅에도 예쁜 꽃들을 심어서 학교 주변을 더 아름답게 가꿉시다!

2006년 10월 19일

남자애들이 말해줬는데요. 논에 있는 벼를 베는 것을 보다가 너구리를 두 마리씩이나 봤대요. 그런데 어떤 농부 아저씨가 낫으로 너구리를 때렸대요. 그래서 너구리 한 마리는 꼬리가 잘렸고 한 마리는 머리를 많이 맞고 도망갔대요. 그런데 너구리는 멸종 위기 동물 중 하나래요.

선생님도 논 주인 아저씨들이 너구리를 내쫓고, 심지어 잡으려고 몽둥이질을 하는 모습을 보면서 팔다리가 후들후들 떨리고 속상했어요. 가서 말리지 못하고 쳐다보며 욕만 했던 내 모습이 너무 부끄럽고 창피해서 몹시 우울했어요. 학교 앞에 있는 논이 사시사철 얼마나 아름다운지 늘 다른 사람들에게 얘기하고 자랑스러웠어요. 논에 물을 대면 황새랑 청둥오리들이 날아들고, 산그림자가 어른거리는 게 그 어떤 그림보다도 아름답죠. 벼가 자라면 싱그럽고 건강한 초록이 우리 마음도 튼튼하게 해주고, 또 큰 비와 바람 맞은 흔적으로 자연을 실감하게 해주죠. 더더욱 고맙고 기뻤던 건 보기 드문 너구리 가족에게 한때나마 집으로 한켠을 내주었던 거였어요. 투실투실한 엉덩이로 걸어가는 너구리들을 조심스럽게 구경할 수 있었는데…. 곱게 보내주지는 못할망정 (잡아서) 몸보신하겠다고 달려드는 어른들이 정말 부끄럽네요. 너구리 가족에게 너무 미안해요. 부디 잘 도망쳐서 살아 있기를 간절히 기도해요. 학교 주변의 작은 동산과 논밭들이 훼손되지 않고 오래도록 우리 곁에 남아 있으면 좋겠어요.

4학년

2007년 4월 20일
─────────

선생님, 제 꿈은 화가, 곤충학자, 조류학자, 식물학자, 동물학자, 천문학자예요. 선생님 어릴 적 꿈은 뭐였어요?

이야~ 소영이 꿈은 정말 다양하네요. 세상에 대한 호기심과 관심이 특히 어떤 건지 알 수 있어요. 살아 있는 자연을 연구하고 공부하고 싶어 하는 소영이가 대단해요! 선생님은 소영이가 꿈꾸는 것들을 뒤늦게서야 좋아하고 관심이 생겼거든요. 선생님은 화가, 교수, 번역문학가, 가수, 디제이, 심리치료사, 동화 작가 등 지금도 되고 싶은 게 많아요.

2007년 6월 13일
─────────

선생님, 저 수학 문제 11번부터 14번까지 다시 풀고 싶은데요. 될까요?

물론이지요! 되고말고! 숙제는 내가 이해했는지 잘 모르는지를 알아보기 위한 거예요!

두 번 세 번 더 풀어도 대환영! 수학이 무지무지 쉬워지겠는걸!

(긴꼬리케찰에게 2학년이 될 때 준 시)

나뭇가지 사이로 나는 작은 새
속삭이는 바람 따라 세상으로 날아갔네
황금빛 들판에서 나락도 쪼아보고
밤나무, 참나무 숲에서 노래도 불러보네
하나 둘... 날아드는 산새들
모두 함께 노래하네

(긴꼬리케찰에게 4학년이 될 때 준 시)

밤하늘을 수놓으며
아름다운 화음으로
노래하는 수많은 별들
어둠이 물러가면 하나둘씩 스러지네
동이 터 올 때까지
은은한 빛으로
하늘을 지키는
작은 별 하나

2007년 9월 20일

선생님! 어제 내준 숙제가 어려웠어요. 수학 문제를 더 쉽게 이해할 수 있는 방법이 없을까요?

한꺼번에 너무 많이 문제를 풀려다 보니 부담스러운가 보네요. 차근차근 천천히 하면 할 수 있어요. 잘 안 풀리면 쉬었다가 다시 보세요. 며칠이 걸릴 수도 있고 더 오랜 시간이 걸릴 수도 있어요. 소영이가 스스로 많이 생각하고 시도하다 보면 어느 날 갑자기 '너무나 쉽네! 아무것도 아니었네!'라고 생각할 때가 올 거예요.

2007년 10월 12일

선생님, 전 3학년이 싫어요. 우리가 자리를 양보해줘도 고맙다고도 하지 않고 오히려 당연하다는 듯이 행동해요. 그리고 제 생일, 그러니까 이번 주 수요일에 이령이랑 같이 버스를 타고 가면서 노래를 불렀는데, 자기들은 떠들면서 갑자기 우리한테 조용히 하라고 까불어서 화가 났어요!

하하하~ 감히 누나들한테! 간 큰 동생들! 화가 날만 했네~ 그래도 3학년과 4학년을 똑같이 비교할 수는 없어요. 소영이가 너그러운 마음으로 이해합시다. 아직 3학년이 생각보다 어린가 봐요. 화내지 말고 예의를 가르쳐주면 좋겠는데, 좀 어렵죠? 오히려 우리 4학년이 버릇없다는 소리를 듣는 것보다, 내가 잘못하는 것보다 더 나은 일이라고 생각합시다. 우리는 3학년처럼 위 학년에 그러면 안 되겠구나 배울 수 있는 기회로 삼도록 해요!

2007년 10월 19일
_____

어제 청소할 때 왜 그랬냐면요. 시연이하고 재윤이하고 저하고 같이 청소를 했는데요. 우리 걸레를 빨러 갔는데 예나하고 지원이가 잘 몰라서 잠깐 놔뒀다가 걸레를 빨려고 했어요. 그런데 남자애들이 막 욕을 하는 거예요. 남자애들이 그리고 칠판을 닦는다면서 대충대충 닦고, 다 했다면서 놀고, 시연이의 의자를 박진한이 막 던지고, 윤형식이 재윤이 방석에 걸레 물을 막 짰어요. 우리도 잘못한 거 맞는데 남자애들도 잘못한 거 맞아요.

흠~ 그랬군요. 잘못한 걸 인정하기 싫어서 더 우겼겠군요! 에구, 철부지 남자애들!
그래도 남자애들도 앞으로 변하겠지요. 짓궂은 마음이 옳고 그름을 구분하고 스스로 진실하고 당당한 행동을 할 수 있는 멋진 친구들이 될 거예요^ ^ 기도해요.

2학년 성인 이야기 수업 –
성프란치스코의 태양성가

185

2007년 11월 6일

제가 지은 시예요.

가을엔 낙엽눈 솔솔 내린다.
울긋불긋 물든 산은
마치 흘러가는 물처럼
나무가 흔들릴 땐
바다를 바라보는 것 같다.
황금빛 물결이 치듯
황금빛 논에는 고개 숙인 벼들이
바람에 흔들린다.

조금 이상하죠? 고칠까요?

전혀 이상하지 않아요! 글로 쓴 한 폭의 가을 그림!
선생님이 줄 친 데마다 끊어서 다른 줄에 써보세요. 더 읽기도 편하고
정확히 이해할 수 있어요. 고치지 않아도 아주 훌륭해요!

2007년 12월 3일

선생님, 저는요, 가끔 엄마가 야단칠 때 세혁이는 봐주는 것 같아서 조금 화가

났어요. 반대로 세혁이가 야단맞으면 조금 미안하기도 해요. 언제는 제가 너무 화가 나서 울기도 했어요. 지금 생각하면 좀 웃기기도 하고 아직도 화가 풀리지 않을 때도 있어요. 선생님은 어릴 때 그런 적이 있어요?

물론이지요. 선생님 부모님께서는 선생님이 덩치가 작아서 동생한테 지는 게 재밌다고 일부러 씨름도 시켰던걸요. 잘못해서 야단맞아도 기분은 좋지 않죠. 잘못했는데도 왠지 억울하고, 더 이해받고 싶고, 인정해주면 좋겠다고 생각했어요. 그런 마음을 알기에 엄마로서 아이들을 더 잘 이해해야지 하면서도 아이들이 나쁜 습성을 갖지 않게 엄하게 대하게 되는 것 같아요. 여전히 예쁘고 사랑스럽지만 나중을 위해 큰 소리를 내게 되네요!^^ 옹색한 변명일까?

2007년 12월 12일

선생님. 오늘 칠판그림 호랑이잖아요. 그 호랑이는 그림이어도 눈빛이 깊어서 진짜 같고 안 쳐다볼 수가 없는 것 같아요. 그리고 오늘 세혁이 생일이었어요!

세혁이에게 생일 축하한다고 전해주세요.
호랑이 그림이 맘에 들어요? 아~ 정말 기분이 좋아요. 어젯밤에 4시간 동안 그렸어요. 학교에 혼자 남아 그리느라 어두워져서 무서웠는데, 칠판 속 호랑이가 지켜주는 것 같았어요! 호랑이가 늘 여러분도 바른 마음 가지라고 지켜볼 거예요.

칠판 그림

발도로프학교에서는 수업에 필요한 그림 자료들을 사진이나 미디어를 이용하지 않고, 직접 칠판에 그린다. 저학년에는 1주일에 두 번씩 새로운 그림을 그리다가 학년이 올라가면서 그림을 그리는 횟수가 줄어든다.

아이들 발달 단계에 맞게 주의할 점들을 고려해서 무엇을 어떻게 그릴까 상을 떠올리고, 떠오르는 대로 표현하기 위해서 그리고 지우고를 몇 차례씩, 몇 시간 만에 그림을 완성한다.

다음 날 아침 아이들은 커튼 뒤에 가려진 그림에 대한 호기심과 설레임을 가득 안고 수업에 임한다. 어제 들었던 주제에 대한 이야기를 다시 떠올려 이야기를 나누며, 그에 대한 그림을 공책에 그리기 위해, 교사가 미리 준비한 그림을 보여준다.

커튼을 여는 순간 아이들의 눈빛은 황홀감으로 가득 차고 입에서는 탄성이 쏟아져

나온다.

"내가 상상했던 게 바로 저거야〜"

"아냐, 나랑 좀 다른데…"

"아〜 저 난쟁이 모자가 궁금했는데…"

칠판 그림을 제대로 배워본 적도 없어 늘 부족한 그림을 아이들은 대단한 예술 작품을 만나듯 감동한다.

아이들은 칠판의 그림을 집중해서 공책에 따라 그린다. 저마다 다른 느낌의 그림들이다. 선생님 그림과 똑같지 않다고 안타까워하지 않는다. 자신들의 느낌과 솜씨대로 칠판 그림을 공책에 옮길 뿐이다. 이런 식으로 아름다운 자기만의 교과서가 만들어진다. 애써 그린 그림들은 2, 3일 만에 지우고 또 새로운 그림을 그려야 한다. 제법 잘 그렸다 생각한 그림들은 그냥 그대로 남기고 싶다. 하지만 불가능한 일이다. 다음 수업에 필요한 그림을 다시 그려야 하기 때문이다. 칠판 그림을 그리고 지우는 반복되는 작업은 아낌없이 버리고 비우며 계속 새로운 것을 창조해야 하는 훈련과 수행의 과정이다.

5학년

2008년 1월 20일

선생님, 저는 작년과 마찬가지로 부산 외할머니 댁에 와 있어요. 선생님은 뭐 하고 지내세요? 방학 때도 학교에 오세요?

선생님, 저는 왜 다른 건 자신 있는데 수학만 못할까요? 저번에 제가 어렵게 문제를 풀었는데 딴 애들이 거의 다 쉽다고 그런 적도 있었어요. 그래서 저는 너무 속상해요.

음~ 너무 걱정하지 마세요. 소영이가 다른 사람보다 시간이 조금 더 드는 것뿐이지, 모르거나 다른 사람보다 못하는 것은 아니에요. 선생님도 수학은 중학교 가서 잘하게 되었어요. 초등학교 때는 수학을 못 하는 어린이라고 생각했어요. 그런데 언제부터인가 모르는 문제를 의외로 쉽게 풀게 되었어요. 그때부터 마음이 가벼워져서인지 수학이 무섭지 않았어요. 천천히 차근차근 연습하면 소영이에게도 그런 시간이 올 거예요. 모르는 걸 알게 되는 시기가 다 달라요! 길고 짧은 것은 대봐야 알아요!

2008년 3월 3일

선생님. 선생님은 어떻게 제 고민거리를 단번에 긍정적으로 생각할 수 있게 해주세요? 선생님은 때로는 엄마같이 따뜻하고 때로는 가끔씩 야단도 치는 그런 선생님 같아요. 아참! 제가 나중에 커서 만약 선생님이 된다면 선생님 같은 선생님이 되고 싶어요.

어쩜! 소영이야말로 선생님에게 필요한 영양제를 이렇게 제때에 줄 수 있을까! 고마워요. 선생님도 사랑하는 우리 5학년을 잘 가르치고 있는지, 잘못하고 있는 것 아닌가, 마음 졸이고 고민한답니다. 그런데 늘 부족해 보이는 선생님을 그렇게 좋게 보아주니 선생님도 기쁘고 힘이 나요! 선생님이 게으름 피우지 않고 열심히 일하게 만드는 여러분의 사랑! 정말 감사해요!

2008년 3월 7일

선생님! 왜 오늘 음악 시간에 자리 바꾸게 하셨어요. 그리고 소프라노 하는 애들이 우리가 알토인데 소프라노로 바꾸려고 하니까 짜증내서 기분이 엄청 나빴어요.

리코더 파트를 바꾸셨나요? 여러분이 너무 한 자리에만 익숙해져서 다른 자리의 느낌이나 분위기를 모르게 되잖아요. 골고루 경험해보는 게 중요해요! 자리 한 번 바꾼다고 옆 친구가 영영 없어지는 것도 아니고 여러분이 너무 불평을 해서 선생님은 솔직히 실망했어요. 선생님들은 여러분에게 나쁜 것을 권하지 않아요. 여러분이 선생님들을 진심으로 믿고 사랑했으면 좋겠어요.

2008년 3월 14일

선생님, 오늘 아빠가 "자전거 사줄까?" 하고 물었는데 제가 괜찮다고 했어요. 그래도 속으론 갖고 싶었는데 그런데 솔직히 제가 두발자전거를 잘 못 타서 못 탈 것 같아요. 자신이 없어요. 어떻게 하면 좋을까요?

누구나 처음부터 잘할 수는 없어요. 다칠까, 넘어질까 조금 무섭겠죠? 하지만 든든한 아빠가 뒤에서 잡아주시고, 헬멧과 무릎 보호대 등 안전 장비를 잘 착용하면 문제없어요. 시도해보세요. 분명 소영이는 선생님보다 더 빨리 잘 배울 거예요. 까짓 거, 한두 번 넘어지는 것 별거 아니에요!
소영이 파이팅!!

2008년 3월 20일

선생님, 저는 식물학이랑 역사가 너무 기대돼요. 선생님, 그리고 요즘 날씨가 너무 좋아서 어디론가 여행가고 싶어요.

나두! 나두! 여행 가고 싶어요. 아~ 소영이가 이렇게 식물학과 역사 수업에 기대를 하고 있으니 실망하지 않도록 열심히 공부하고 수업 준비를 잘해야겠네요. 아이구, 어깨가 무겁군요! 소영이는 선생님을 좋은 선생님이 되도록 안내하는 길잡이예요!

2008년 3월 21일

선생님, 저희 집에 이문구 선생님 시집하고 권태응 선생님 시집하고 이원수 선생님 시집이 있어서 봤는데 재밌었어요. 그리고 제가 시를 쓸 줄 알아서 정말 기뻤어요.

이번 수업이 끝나면 부모님들께 시집 몇 권 추천해서 여러분이 읽도록 하려고 뽑아놓은 시집이 소영이네는 이미 다 있군요! 정말 아름다운 시들이죠? 시를 감상할 줄 알고, 직접 쓰는 소영이는 훌륭한 시인이에요!

2008년 4월 9일

제 고구마와 감자가 잘 자라줘서 너무 고맙고, 좋아요. 처음엔 거의 변화가 없었는데요.^^

선생님도 조마조마해요. 신기하고요.
다른 친구들도 재밌게 관찰할 수 있도록 모두 싹이 나왔으면 좋겠어요.

2008년 4월 18일 금요일
───────────────

선생님, 제가 이령이한테 아기 달팽이를 이번 달 첫 주인가 둘째 주인가 분양받
았는데요. 벌써 제 새끼손톱만큼 컸어요~^^ 너무너무 귀여워요! 상추 줬더니
너무 잘 먹어요. 달걀 껍질도 부수어 줬어요. 그랬더니 너무 잘 먹었어요. 그래
서 요즘 기분이 너무너무 좋아요!!!^^

뚱보 달팽이가 되겠네.
정성으로 살핌을 받는 그 달팽이는 참 좋겠다!

2008년 4월 23일 수요일
───────────────

선생님, 어제 많이 아팠어요? 죄송해요. 제가 잘못했어요. 어제 규칙도 정했는
데 안 지키는 것 같아요….
우리 반 애들 다….
저도 포함해서….
특히 안 떠들기를요….

여러분에게 걱정을 만들어주어서 오히려 선생님이 미안하네요.^^ 선생
님도 몸이 아프다고 마음을 잘 다스리지 못하고 여러분에게 과하게 화
를 냈어요. 선생님도 미안해요.
우리 아주 행복한 학교생활이 되도록 서로 노력해요.

194

2008년 9월 29일 일요일

선생님, 제가 이번 주 금요일에 문원체육공원에서 노는데 세혁이가 잠자리를

독서 지도

발도르프학교에서는 저학년에 책 읽는 것을 권하지 않는다. '아이들이 자라서 명석하고 상상력이 풍부하게 사고하는 사람이 되기 위해서 무엇이 필요할까?'라는 질문에 대한 하나의 답이다!

충분히 놀면서 손으로 만지고 몸으로 부딪히며 자연과 세상에서 만날 수 있는 온갖 재료들을 경험하는 것, 삶의 지혜가 담겨 있는 옛이야기를 들으며 그 세계에 흠뻑 빠져 상상만으로도 즐거움을 느낄 수 있도록 하는 것.

3, 4학년이 되면 문자에 익숙해지고, 시간적으로나 공간적으로나 넓어지는 세상에 대한 호기심을 풍부하게 채워줄 필요가 생긴다. 이때 교사와 부모가 이야기해주는 것 이상의 다양한 정보와 이야기들을 책을 통해 전해줄 수 있다.

각 학년에서 배우는 과목들과 관련된 책들과 아이들의 세계와 동심을 잘 표현해주는 주옥같은 동화들을 교실에 구비해서 자연스럽게 읽을 수 있게 한다.

아이들이 더 많은 책들을 원할 때는 추천 목록을 부모님께 드려 책을 구입하거나 도서관에서 활용할 수 있도록 했다. 5학년 국어 시간에 '시'에 대해서 수업하게 되어 부모님들도 함께 읽었으면 하는 시집 몇 권을 추천했다.

부모님께 추천한 시집
권태응 〈감자꽃〉   권정생 〈어머니 사시는 그 나라에는〉
이문구 〈개구쟁이 산복이〉   이원수 〈너를 부른다〉
임길택 〈할아버지 요강〉

잡아달래서 잠자리들이 낮게 날아다니길래 손가락을 높이 올려서 잠자리랑 비슷한 모양으로 들고 있었는데요, 잠자리가 안 오는 것 같아서 손을 내리려는데 푸드드 하고 날개 터는 소리와 함께 잠자리가 제 손가락 위에 앉는 거예요. 저는 그게 '기적'이라고 생각하고 보고 있었는데요, 조금 있다가 날아가더니 제 모자 위에 앉았어요. 저는 그 잠자리를 잡고 싶었지만 제가 해치지 않을 거라고 생각하고 믿고 온 것 같아서 그 믿음을 깨지 않고 싶어서 어려운 말이지만 그 비슷한 감성을 느꼈어요. 그래서 그전엔 잠자리를 잡으려고 했지만 나중엔 잠시 생각을 바꾸고 잡으려 하다 잡지 않았어요.

마음속에 감동의 물결이…. 한 폭의 아름다운 그림처럼 그 상황이 보이는군요. 소영이의 이야기를 소재로 동화를 쓰고 싶은 생각이 불쑥 나네요.

2008년 10월 23일 목요일

선생님! 긴급 상황이에요! 레미안아파트를 지으면서 그랬는지는 저도 잘 모르겠지만 요즘 과천에 공기가 너무 안 좋아요. 안개도 아닌 것 같고, 황사도 아닌 것 같고, 미세먼지(?) 같은데요. 저는 너무 무서워요. 지구가 병이 깊어지면 어쩌죠?

맞아요! 우리 인간들이 자연과 동식물들에게 너무나 많은 잘못을 저지르고 있어요. 어른들이 어린이들 마음으로 돌아가 지구에게 사과하고 용서를 빌면, 지구는 아주 너그럽게 우리를 더 사랑해줄 텐데…. 그나저나 소영이의 고운 마음 충분히 이해하고도 남는데…. 너무 고민하다 소영이가 살이 안 찌는 것은 아닐까 하는 걱정이 살짝 드는데…. 오늘, 역사 시간에 다뤘던 이야기, 판도라 상자의 '희망'을 꼭 붙잡고, '나'부터 지구를 아끼는 실천을 하다 보면 정말 희망적인 상황이 생기지 않을까요?

2008년 11월 11일

선생님! 오늘 너무 신기한 일이 일어났어요! 빼빼로를 많이 팔기 위해 만든 날인 건 알지만 2008년 8월 21일부터 오늘 2008년 11월 11일까지 저는 기타를 해서 그런지 1급 상권부터 해야 되는데 상권을 건너뛰고 하권을 했는데요, 오늘 딱 하권이 끝났어요. 1급 하권을 끝내고 나서는 2급이래요! 왜! 제가 피아노 교재를 레슨 교재, 테크닉 교재, 응용곡집, 이론 교재를 했는데요, 한권씩 1, 1, 1, 1,이 되잖아요! 그리고 1급이 끝난 거예요! 오늘은 11월 11일이예요!^^ 무슨 말인지 아시겠어요?^^

알다마다! 1로만 만들어진 오늘, 모든 1권을 다 끝냈다니! 1로 시작해서 1로 끝난 날이네! 흥분된 소영이의 심장도 보이는 것 같은걸!! 축하해요! 나날이 발전하고 즐거워하는 소영이를 보는 게 영양제를 먹는 것처럼 선생님에게도 좋은 일이에요!

역사 수업

발도르프학교에서 '역사'라는 이름으로 이루어지는 수업은 5학년에 등장한다. 하지만 아이들은 1학년에서부터 꾸준히 '이야기 듣기'를 통해서 역사 공부를 한다.

역사 수업은 1학년에 시작해서 아이들의 발달 단계에 맞는 이야기를 들려주는데, 2학년에 우화와 성인 이야기를, 3학년에 창세 이야기, 4학년에 각 민족의 창조 신화를 공부한다. 우리나라의 경우 마고 신화나 제주도 신화, 단군 신화, 동북아시아 신화 등과 북유럽 신화를 국어 시간에 텍스트 삼아 듣고, 쓰고, 읽고, 그림을 그리며 배운다. 아이들의 성장에 필요한 내면적인 양식이 각 이야기, 풍부한 그림 속에 가득 담겨 있어 아이들은 상상력을 동원하여 그것을 경험한다.

문자로 기록되어진 역사를 넘어 아이들이 삶과 세상에 대해 알아야 할 많은 진실을 담고 있는 인류의 역사, 보이지 않는 정신적 배경이 스며 있는 옛이야기들을 날마다 듣는다.

인간의 욕망과 충동을 과장되게 빗대어 표현하는 우화와 타인을 위해 자신을 희생하는 사람들의 이야기를 통해 두 인간 사이의 균형을 생각하게 된다.

세상과의 분리감을 느끼면서 내면의 깊은 불안과 슬픔을 달래줄 수 있는 구약 이야기, 객관적인 세계에 대한 인식을 할 수 있고, 자연에 대한 관심을 더 많이 가지면서 서서히 깨어나는 아이의 자아의식에 맞춰 내면적으로 선과 악, 도덕에 대한 의식들을 이야기를 통해 배운다.

5학년이 되어서야 '고대 역사'라는 제목으로 비로소 역사 수업을 본격적으로 시작한다. 고대 인도, 페르시아, 바빌로니아 신화, 그리스 신화를 다루어 신들 중심의 사회와 의식으로부터 이성이 발달해가는 시기를 공부하고 6학년에 법 통치의 등장과 로마시대. 7학년에 중세, 르네상스, 항해의 시대. 8학년에 산업혁명, 근대, 현대의 역사까지 다룬다. 서양을 중심으로 역사의 변화, 흐름을 따르며 이에 해당하는 우리 역사와 주로 동북아 역사 내용도 함께 다룬다.

5학년에 반고, 여와가 등장하는 중국 창세신화, 삼황오제와 팔괘, 갑골문과 상나라, 춘추전국시대와 공자, 단군 신화, 고조선을 다루고, 6학년에는 중국 진·한시대, 예맥

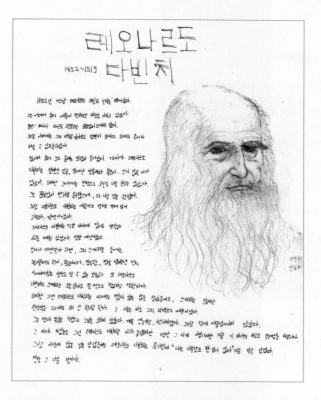

과 한족의 국가를, 옥저, 부여, 고구려, 동예 삼한, 삼국시대, 남북국(신라, 발해)시대
를 배운다.

7학년에는 비잔틴 제국, 페르시아, 이슬람 제국, 한 이후 원까지의 중국 역사, 몽골과
칭기즈칸, 원과 마르코 폴로, 정화의 남해원정, 고려, 조선의 건국에서 세종대왕까지
공부하고 8학년에는 조선 중·후기, 사림의 등장, 성리학, 7년간의 조일전쟁, 광해군의
중립 외교와 병자호란, 실학, 정조와 수원화성, 조선 후기 예술 문화, 동학, 조선의 몰
락, 굉장히 방대한 내용을 숨 가쁘게 다룬다. 각 교사의 재량에 따라 수업의 내용과
형식은 각기 다르게 진행된다.

5학년에 '고대 역사'라는 주제로 고대 인도, 페르시아, 바빌로니아, 이집트, 그리스의 신화 이야기를 중심으로 당시 사람들의 의식 상태와 자연 환경, 문화를 배운다. 마치 그 시대로 시간 여행을 하듯, 구체적이고 생생하게 이야기를 들려주는 것이 가장 중요하다. 그리고 고대 역사의 문화를 실제로 경험해보기 위해 찰흙으로 지구라트의 모형을 만들어 보기도 하고 인도에서만 나는 향신료를 구해 요리를 해보고, 이집트의 피라미드와 신전들을 수채화로 그리는 등 다양한 활동을 해보았다.

5학년 시기는 전체적으로 가장 아름다운 조화와 균형을 이루는 때다. 사춘기로 넘어가기 전 정서적으로도 안정된 상태이며 신체적으로도 팔다리의 비율이 조화로워 예뻐 보일 때다. 교사, 부모, 친구와의 관계도 큰 갈등 없이 편안한 편이다. 새로운 것을 배우기를 좋아하고 능동적으로 참여한다.

그리스 시대 역시 모든 면에서 조화와 균형을 추구하고 그것이 문화예술의 전 영역에서 드러나던 시대다.

5학년 시기의 발달 단계는 고대 그리스의 특성을 지니고 있다. 정신과 영혼과 신체의 균형 잡힌 발달을 위하여 고대 그리스인들은 노력하였다. 아이들은 창던지기, 원반던지기, 멀리뛰기, 레슬링, 마라톤 등을 연습하며 그리스인들의 삶을 경험해보았다. 구체적이고 생생하게 그 시대를 만날 수 있게 해주는 역사 수업은 아이들의 왕성한 호기심과 적극적인 참여를 끌어내는 수업이었다.

6학년

2009년 3월 22일 일요일

정말 오랜만에 쓰는 긴꼬리케찰이네요! 저번 주 금요일에 선우랑 이령이랑 같이 (아줌마들도) 산에 갔는데요, 약수터 앞에 큰 웅덩이 바위 틈 속에 그 귀하다던 '도롱뇽 알'이 있었어요. 우리 엄마한테 다 물어보고 키우려 했는데 어떤 아저씨가 도롱뇽 알 가져가면 벌금 내야 된다고, 그리고 생명은 귀한 거니까 그냥 보고만 가라고 하셨어요. 정말 그 웅덩이를 잘 가꾸시는 것 같았어요. ^^ 근데 솔직하게는 우리도 좀 아쉬웠어요! 우리도 잘 키워서 알에서 나오면 산에 바로 놔주려고 했었는데! 그래도 도롱뇽이 어떨까 하고 다시 생각하니까 도롱뇽을 놔주고, 자주 보러 오는 게 더 좋을 것 같아서 놔줬어요. 그 아저씨가 우리가 도롱뇽 놔주니까 우리 보고 도롱뇽 지킴이 하라고 하셨어요! ^^

어머나 세상에! 선생님은 눈물이 날 만큼 감동스럽고, 여러분이 자랑스러워요! 도롱뇽들도 집이 있고 가족과 친구들이 있는 우리와 마찬가지로 귀한 생명이에요. 장난감이 아니죠! 숲에 사는 지구의 한 식구죠! 사람보다 더 힘이 세고 거대한 큰 존재가 사람을 동식물처럼 함부로 대한다면 말도 안 되는 것처럼, 자연을 있는 그대로 존중해줘야 마땅해요! 몇 년 전 아름다운 천성산의 도롱뇽과 수많은 생명붙이들을 살리려고 여러 날 동안 목숨을 걸고 단식하며 지키려 했던 지율 스님이 생각나네요. 여러분의 이런 소중한 행동이 함부로 산과 강, 들을 파괴하려는 나쁜 생각들을 쫓아낼 거예요. 지율 스님께서도 우리 반 친구들이 도롱뇽뿐만 아니라 숲속의 작은 생명들 지킴이가 되어준다면 무척 기뻐하시겠죠?

2009년 3월 22일 일요일

우리 집에 작년인가 재작년인가부터 개미가 베란다에 집을 짓고 살고 있는데 세혁이가 입학식 때 받은 꽃에 꿀을 먹으러 왔다 갔다 하는 걸 우연히 보고 재밌는 것 같아서 요새 계속 보고 있는데요, 처음엔 계속 집에 들어가기만 하다가 계속 보고 있으니까 집에서 한 마리씩 나오는 거예요. 가만히 보고 있으니까 너무 귀여워서 시간 가는 줄도 모르고(?) 구경했어요.^^

샘도 지윤이 네 살 때 처음으로 도롱뇽 알을 보게 되었어요. 선생님이 살던 동네 앞 작은 동산에 도시락 싸들고 놀러갔다가 발견했죠. 그 어떤 지식을 알게 된 것보다도 뿌듯하고 자랑스러웠어요. 도롱뇽 알이 도넛처럼 생긴 것이 얼마나 신기했던지 그 느낌이 잊히지 않아요. 그때부터 샘은 작은 풀, 꽃나무, 벌레에 관심을 가지게 되었고 숲을 사랑하게 되었답니다. 정말로 버릴 것 없이 우리에게 생명과 아름다움을 주는 자연을 지키고 가꾸는 일을 꼭 해야겠다고 생각했어요. 앞으로 나이가 들면 텃밭, 꽃밭 가꾸며 책도 읽고 그림도 그리고~ 아! 타샤 튜더 할머니처럼 살고 싶어요.

2009년 5월 13일

선생님, 어른이 되면 좋아요? 전 어릴 땐 (지금도 아직 어리지만 더 어렸을 때) 어른이 되면 아무거나 해도 되고 엄마한테 잔소리 안 들어서 좋을 것 같고 그랬는데…! 지금은 별로 크고 싶지 않아요. (키는 많이 크고 싶지만) 오히려 더 어려지고 싶을 때가 많아요!! 어릴 땐 우선 숙제가 별로 없었고 많이 놀고, 주위를 별로 신경 쓰지 않아도 되고, 모든 게 궁금하고 흥미가 있었는데, 지금은 만사가 다 귀찮은 것 같아요!ㅠㅠ 그래서 저 자신을 뒤돌아보기도 해요! ^ ^ 날씨 탓도 아니고 환경 탓도 아닌데 자꾸 핑곗거리를 찾으려는 것 같아서요. 열심히 하려고 노력은 하는데, 그게 말처럼 쉬운 게 아닌 것 같아요. ㅠㅠ 주위 탓도 쬐끔 있긴 하겠지만 이렇게 반성하는데도 자꾸 바깥을 탓하네요. 저도 아직 어린애인지라 말처럼 쉬운 게 아니라 답답하네요. 제 말을 이해하시죠? ^ ^ 선생님도 이런 생각할 때 있으세요? 선생님도 파이팅!!!

아유, 애어른 같으니라고! 소영이만큼 부지런하고 성실한 사람이 어딨어요? 소영이는 샘이 보기에 충분히 쉬고, 자알 먹고, 운동도 열심히 해서 몸을 아주 건강하게 만들면 걱정 끝! 체력이 준비되면 뭐든지 할 수 있으니까!!!

2009년 12월 6일 일요일
_____

선생님. 저 어제 8학년(이 하는) 연극을 봤는데요. 정말 멋졌어요!! 그런데 원래 이야기를 몰라서 이름은 잘못 알아들었어요. 올리버 트위스트를 읽으면 더 이해가 잘될 것 같아요. 우리 반도 8학년 때 잘할 수 있을까요?

소영! 답장이 너무 늦어져서 정말 미안해요!!! 우리도 우리 나름의 색깔을 보이면서 충분히 잘할 거라 생각해요. 여러분의 재주를 맘껏 발휘할 수 있는 좋은 대본을 어서 마련해야 하는 선생님의 무거운 숙제가 더 걱정이네요. 올리버 이야기는 8학년 역사를 공부하면서 읽으면 더욱 이해를 잘할 수 있게 될 거예요. 8학년 때 우리 반 학생들이 훨씬 더 의젓해지겠죠? 지금보다 더 주체적이고 적극적으로 잘할 거예요. 샘은 믿어 의심치 않아요.

7학년

2010년 3월

선생님, 제가 오늘 영화를 봤는데요. 이름은 '블랙'이에요. 선생님 아시죠?
black! 블랙은 정말 최고로 멋진 영화예요. 한 번도 영화를 보고 그렇게 깊이
운 적이 없었는데….

선생님, 제가 소원 편지에 '제가 좋아하는 영화를 찾게 해주세요.' 하고 썼거든
요. 그 소원이 이뤄진 것 같아요. 하루 만에(소원이 이루어졌으니 밝혀도 되겠죠?).
처음에 주인공 여자애가 히스테리 부릴 때 영화가 별로였는데 여자애가 커서
부터는 정말 감동적이더라구요.

사람들은 흔히 '죽음이 아름답다'라고 말하잖아요. 전 '퀼'을 보고도 퀼의 죽음

소원 편지

정월대보름 행사 때 아이들은 소원을 적은 편지를 새끼줄에 끼웠다. 보름달이 둥실
떠오르자 아이들은 소원이 정말로 이뤄지기를 간절히 기도하며 달집이 타오를 때 소
원 편지를 던져넣어 함께 태웠다.

이 안타깝기만 했는데 'black'은 더 아름답고 정말 '죽음이 아름답다'를 처음으로 느끼게 해준 영화인 것 같아요.

제 생각에 이 영화의 원래 주인공은 헬렌 켈러인 것 같아요. 셜리번 선생님 대신 남자 선생님으로 해서….

비 오고 바람 불고 스산한 오늘 같은 날, 영화관에 푹 파묻혀 영화 보며 딴 세상 갔다 오고 싶은 이 찰나에 이령이가 영화 얘기를 한다.

헬렌 켈러 얘기지 싶은데 인도의 어떤 여자의 이야기인가 보네.

나는 선생님인데도 '죽음이 아름답다'라고는 깊이 느끼지 못하는데 이 쪼끄만 소녀는 단박에 경험하다니! 놀라워라~. 내 죽음도 아름다울 수 있도록 남은 생 잘 살아야 할 텐데….

2010년 3월 16일 화요일

선생님, 말씀대로 오늘은 짬을 내서 아주 오랜만에 긴꼬리케찰을 보냅니다.^^

제가 원래 고전을 많이 봤는데요, 요새는 현대 작가가 지은 현대 책을 찾고 있어요. 그런데 제가 원하는 주제의 이야기도 아니고 엄마의 반대도 있는 책들이 많은 것 같아요. 사실 제가 좋은 책만 골라서 볼 수 있는 수준(?)도 아니어서요. 원래 말씀드릴 거는 음, 선생님이 좋아하시는 현대 작가나 현대에 만든 좋은 책을 알려주세요.

우와~ 정말 오랜만이네요. 무지무지 반가워요. 실은 샘도 7학년에 올라와서 소영이 컨디션도 썩 좋아 보이지 않고, 얼굴빛도 표정도 그리 밝아 보이지 않아 걱정했었어요. 실제로 걱정할 일이 있든지, 없든지 요즘 소영이의 마음 상태나 고민이 궁금하고 알고 싶었어요. 학교생활은 즐거운지, 7학년이 되어 마냥 힘들기만 한지, 친구들과 사이는 어떤 변화가 있는지, 샘이 너무 많은 걸 알고 싶은 걸까? 소영이가 신나 보이지 않아서 마음이 많이 쓰이네요. 그래서 샘의 고민이 되어버렸네. 소영아, 내 고민도 좀 해결해주면 안 될까? 소영이의 마음을 나누고 싶은 내 고민!!! ^^

아~ 그리고 7학년 때는 일주일에 한 번씩 재량 시간을 독서 토론 시간으로 쓸 계획이 있어요. 그래서 조만간 책 목록을 나눠줄 거예요. 7학년이 되니까 주기집중 시간에 배워야 할 내용도 다양해지고 수업 시간은 부족한 듯해서, 우리가 배우는 과목들과 관련 있는 재미난 책들을 함께 읽으면 더 재밌을 것 같아요!

2010년 3월 27일 토요일

제가 요즘 수업에 집중을 하려고 그래서 그래요. 앞줄이어서 좀 더 열심히 수업을 하려고 하고 있어요. 그리고 요새 밀린 숙제가 넘넘 많아서 늦게 자기도 하구요. 그리고 기분도 사실 안 좋아요. 요새 그냥 멍할 때가 많아요.

오늘 제가 운 거 아세요? 학급회의 때 제가 의장이었는데요. 제가 2주 전부터 학급회의에 대해 생각하고 있었지만 막상 의장이 되어 앞에 나가니 안 그래도 작은데 더 작아진 것 같은 느낌이 들었어요. 뜨개질 팀(모둠)이 도자기를 만든

주기집중 수업(에포크 수업)

주기집중 수업은 담임교사가 진행하는 수업으로 외국어, 체육, 수공예 등 전문 과목을 제외한 모든 과목을 다루는데, 한 과목을 3~4주 동안 수업을 한다.

4주 동안 오전에 100분씩 역사 공부를 한 다음 이어지는 3주 동안 수학 공부를 하는 방식이다. 이때에는 역사는 전혀 다루지 않는다. 리듬을 중요하게 여기는 발도로프 교육에서는 배운 것이 아이들의 내면에서 충분히 소화되는 시간이 필요하다고 여기기 때문이다. 그리고 몇 달 뒤 다시 역사 수업으로 돌아와 아이들이 각자 이해하고 소화한 내용을 바탕으로 하여 다음 주제로 연결시키고 발전시켜 나간다.

7학년 권장도서 목록

카를 슈타인 백작 (논장)
땅에 그리는 무지개 (창비)
박씨부인전 (창비)
트리갭의 샘물 (대교)
소나기 (다림)
나무의 회상록 (눈과 마음)
티베트 대상 (다림)
코페르니쿠스 (푸른 씨앗)
책만 보는 바보 (보림)
끝없는 이야기 (비룡소)
모모 (비룡소)

파디샤의 여섯 번째 선물 (푸른숲)
한밤중 톰의 정원에서 (시공사)
해바라기 카짱 (뜨인돌)
내 영혼이 따뜻했던 날들 (아름드리)
바람의 딸 샤바누 (사계절)
온달이야기 (현암사)
고릴라는 핸드폰을 미워해 (북센스)
그 여름의 일기장 소동 (다림)
왜 세계의 절반은 굶주리는가? (갈라파고스)
앙리의 문학 수업 (문학과 지성사)
거짓말쟁이와 모나리자 (사계절)

일 주일에 한 권씩 책을 읽고 독서 토론을 하고 감상을 각자의 공책에 기록하는 활동을 했다.

대요. 그런데 그 팀 중 한 명이 나와서 설명을 하는데 애들이 질문을 할 때 손 들면 제가(의장이) 허락하는 거잖아요. 그런데 제가 손짓해서 허락했는데, 몰랐 는지 일부러 그랬는지 의장은 안중에도 없고 뜨개질 팀 한 명이 아주 당연한 듯이 말을 하더라구요. 너무 기가 막혀서 말이 안 나오지 뭐예요. 그리고 의장 한테 따지고 자기 할 말 다 하면 다른 사람(의장 포함) 말은 신경도 안 쓰고 자 기 맘에 안 들면 취소하자고만 하면서 문화제 안건은 줄어드는데 딱히 생각해 온 안건도 없으면서 자꾸 없애라고 해요. 아예 학급회의 같은 건 하지도 않는 것처럼, 신경도 안 쓰는 것처럼 아예 뒤돌아 있는 사람들도 있었어요. 의장만 무안하게 만들고. 저는 저 나름대로 큰 맘 먹고 애들 앞에 당당하게 나갔는데, 밑바닥으로 이미 떨어진 기분으로 그런 상황을 대하니 저 같은(어떤 사람인지 아 시죠? 소심, 키 작고, 포스도 없고, 파워 없고 만만한) 사람한테만 그렇게 함부로 대 하는 것 같았어요. 대놓고 하는 무시라고 해야 하나? 그리고 차별 같은. 여자 애들은 친한 애들한테는 안 그러면서 그러구요. 남자애들은 다른 여자애들(아 시죠? 많이 떠드는 아이들요.)한테는 안 그러고 저 같은 애들한테는 대놓고 무시 하고…. 학급회의뿐만이 아닌 것 같아요. 물론 저도 노력해요. 하지만 이건 제 가 노력한 것에 대해서 결과가 너무 비참하고 너무하잖아요.

이 문제와는 조금 다르지만 제가 우리 반 아이들에게 불만을 갖는 것은 요새 유행하는 패션, 가요 등은 놓치지 않으려고 애쓰지만 수업에 아주 집중하는 것 은 아니지만 패션이나 유행, 가요 등은 별로 관심이 없어서 이해를 못 하는 것 도 있는지도 모르지만 그 긴 문장들은 며칠 만에 외우면서 생일시 몇 문장은 한 달이 지나도 더듬더듬….

아무튼 제가 운 이유는 더 있지만 대부분의 이유는 이런 것들이 쌓여 있다가

콧잔등이 시큰거리는 걸 못 참고 그만 그런 것 같아요. 학급회의가 끝나고 나서(바로지만) 몰래 울어서 다행이지 안 그랬다면 찌질이나 울보라는 소리를 겉으론 드러나지 않는 마음의 화살로 맞아야 했을 거예요. 저한테 쌓여 있던 게 너무 많았나 봐요. 그래서 솔직히 100프로 이렇게 길게 썼나 봐요. 애들 이름은 일부러 쓰지 않았어요. 항상 그런 애들이잖아요. 누구누군지 아시죠? 선생님이 보실 때는 이렇게 보이지 않을지도 모르지만 제 입장으로 볼 때는 이렇습니다. 저 정말 솔직히 썼어요.

저런, 속상하고 힘든 얘기 샘한테 나눠줘서 정말 고마워요. 소영이 편지를 읽으면서 나도 속이 부글부글. 그때의 상황이 어땠는지 눈앞에 그려지네요. 선생님도 요즘 우리 반 친구들의 변화에 고민이 많아요. 인정받고 잘하고는 싶어 하면서 찬찬히 준비하지 않고, 어떻게든 되겠지 하는 모습들, 선생님의 당부를 잔소리로만 여기는 모습들도. 아마 여러분들도 스스로 자신들의 모습에 당황스럽고 어쩔 줄 몰라 그러는지도 몰라요. 분명 우리가 많이 달라지긴 했거든요! 눈에 보이는 겉모습부터. 학교에서 가장 잘생기고 예쁜 사람들이긴 한데….
샘도 감정적으로 화부터 내지 않고 여러분을 도울 수 있도록 노력할 게요. 이 혼란스러운 모습들이 아주 오래가지는 않을 거예요. 샘도 옆에서 계속 아옹다옹 지켜볼 테니 다시 사이좋은 '우리 사이'가 되리라 믿어요! 참 그리고 그때 회의 상황을 소영이만 겨냥해서 일부러 그러는 건 아니라는 거 알죠? 그날 누가 의장을 해도 마찬가지였을 거예요. 오히려 소영이어서 좀 덜한 상황이 아니었을까? 우리 힘냅시다!!

회의 할때 지킬 것
1. 다른 사람 이야기 할 때 잘 듣기
2. 했던 말 또하지 않기
3. 의장이 회의 잘 진행하기
4. 단정지어 말하지 않기
5. 발언할 때 끼어들지 않기
6. 남의 의견 비판하지 않기
7. 손들고 발언권 얻은 후 말하기

안건: 도서관리, 반장제, 샛길로 차가 3차 많이 간다. 3차 회의
내 오의견
도서관리; 공책에 적기(그날그날 반납일), 책 깨끗이 보기, 기간은 1주일 또 1주일 연장가능, 제한 연장 수는 한달에 5번까지(6학년 전체중 3명) 제한 매수 1권
반장; 한 과목마다 바꿈이다. 반장 반대와 찬성, 반장이 하는 일, 반장이 왜 필요한건, 반장이 있으면 아이들이 좀 자제될 것이다, 어떻게 뽑을 건가, 반장의 저말성, 반장을 먼저 해봤다가 그런 것도 있으므로 나중에 뽑는 줄단이거나, 자율로운 수업인데 괜히 딱딱하게 해야만 하나, 지금의 생각으로 거나 가면 서쪽자자, 반장의 말에 듣지 않을 것이다. 해야 하는지 않고 하거나 주말에 반장이 할 일을 적어보기, 4월쯤에 하자 않은 이유는 그냥 싫다. 말을 듣을 것이냐. (마무리)

예고예고고... ♡ 용 두 off
진행인; 윤영후 예고 아파

저학년에서는 학급을 운영할 때 교사의 전체적인 안목과 주도적인 역할이 필요하다.

아이들이 자라면서 세상을 보는 눈이 넓어지고 자기 생각들도 커져서, 스스로 생각해서 일들을 만들어보고, 판단하고, 돌아볼 수 있는 경험을 해보는 것도 아주 중요한 배움이다.

준비가 되지도 않았을 때 이런 경험이 바깥에서 주어지면 아이들은 흥미를 잃고, 무척 피곤해하며, 이 속에서 배울 수가 없다.

우리 반은 3학년 때부터 모둠으로 협력해서 하는 활동을 시도하고, 당번의 형태로 교실 청소와 관리를 하게 했다.

6학년이 되어서 아이들이 학급뿐 아니라 바자회나 절기 행사, 학교 행사 등에 참여할 일들이 많아져 스스로가 의견을 모으고, 조율해서 추진할 필요가 생겼다. 그래서 회의 구조를 만들고 일주일에 한 번 회의를 하였는데 회의를 이끄는 의장의 역할은 모두가 돌아가면서 했다. 8학년까지 학급회의는 학급의 다양한 문제를 해결하는 공식적인 역할뿐만 아니라 개별적으로 생겨나는 자기들만의 여러 안건도 다루곤 했다.

2010년 6월 27일 일요일

선생님, 저 어제 8학년 프로젝트 발표회를 봤어요. 이번에는 저번, 그 저번 것을 볼 때와는 느낌이 달랐어요. 처음 전시장에 들어왔을 때는 기대되고, 흥분됐어요. 그리고 결과물(?)을 본 순간 와~~! 정말 대단했어요. 결과물을 본 다음 일지를 봤어요. 정말 꼼꼼하고 솔직하게 쓴 것 같아요. 그리고 드디어 발표!! 정말 짱이었어요. 프로젝트 발표회를 보고 나서는 제 8학년 프로젝트가 걱정됐어요. ㅠㅠ 만약 이번 방학 숙제에 프로젝트가 있다면 여태까지 한 것 중에 가장 열심히 해야겠죠.

선생님도 기대됩니다! 우리가 8학년이 되면 이번 8학년보다 훨씬 더 다양하고 알찬 주제로 의젓하게 잘할 거라 믿어 의심치 않아요! 아마 다른 선생님들도 우리 반에 기대가 많으실걸요!

소영이는 관심도 다양하고 잘하는 것이 많아서 과연 어떤 주제를 선택할지 정말 궁금해요! 그런데 프로젝트가 생각보다 수월하지 않을 거예요. 어쩌면 여러 번 울고 좌절하게 될지도 몰라요. 하지만 그 고비를 잘 이겨내면 어마어마한 기쁨과 성장이 기다리고 있을 거예요!!

물론 이번 방학 숙제는 8학년 프로젝트를 연습해볼 수 있는 작은 규모의 프로젝트를 낼 겁니다!

8학년 프로젝트

8년간의 과정은 연극 공연과 더불어 프로젝트(연구 주제) 발표, 학급 여행으로 마무리된다.

프로젝트 발표는 그동안의 배움 속에서 학생들이 더 깊게 공부하고 확장해보고 싶은 관심 있는 주제를 선택하여 반 학기 이상 준비해서 부모님, 교사들, 선후배 앞에서 결과물을 전시하고 발표하는 작업이다.

울새는 8년 동안 영어 수업 시간에 배웠던 시와 짧은 문장들을 모아서 우리말로 옮기고 시화집을 만들고 멋진 낭송과 더불어 그 시들에 대한 자신의 느낌을 발표했다.

긴꼬리케찰은 서양 12궁도와 동양의 별자리를 비교 정리하는 주제를 발표했다. 아름다운 별자리 그림과 해당하는 신화들, 운행 규칙들을 짜임새 있고 멋지게 정리했다.

8학년 연극

발도르프학교에서 가르치는 여러 과목들 중 내게 가장 매력 있는 과목은 8학년 연극이다. 한창 예민한 사춘기 시기의 아이들과의 작업은 그 자체만으로도 교사에게도 아이들에게도 성장과 치유의 드라마를 선사한다.

8년 동안 배운 우리말글(읽고, 이해하며 말하기, 분석하기 등), 움직임(리듬활동, 체육, 오이리트미) 음악, 미술, 수공예, 목공예 등을 다 녹여내어 무대 위에서 펼쳐내는 종합선물 세트 같은 수업이다.

우리 반 아이들은 선배 학년의 연극을 세 차례 보면서 자신들의 연극에 대하여 막연하게 동경하며 긴장하고 기대했었다. 선배들처럼 무대 위에서 빛나고 싶어 했다.

나는 7학년 때부터 어떤 대본을 선택할지 고민이 많았다. 마침 천문학 시간에 배웠던 케플러와 티코가 주인공인 '별들의 노래'라는 대본을 찾았다. 이 작품은 미국 발도르프학교 교사들이 쓴 것으로 동료들의 도움을 받아 번역하고 우리 반 아이들에 어울리게 각색을 했다.

우리는 연말의 공연을 목표로 약 10개월 동안 준비하고 연습했다. 1학기에는 주로 배우로서 몸 만들기를 위한 훈련을 했다. 말하기, 발성을 염두에 둔 활동, 집중하기, 소통하기, 협력하기를 위한 움직임, 즉흥극을 연습했다.

2학기가 되어 우리가 공연할 대본이 무엇인지 아이들에게 알려주고 본격적인 준비를 시작했다. 아이들은 기대 반 두려움 반으로 다양한 반응을 보였다. 수업 시간에 알게 된 케플러와 티코에 대해 이해하고 잘 알기 위해서 아이들은 전기와 에피소드, 그림 자료를 찾아 공책에 정리하고 이를 바탕으로 인물들의 행동, 감정 상태를 상상해보고 그들이 어떤 사람들인지 구체화하면서 살아 있는 사람으로 불러내었다.

우리가 하고자 하는 연극의 배경과 개성 있는 인물들을 이해하고 실감 나게 표현하기 위한 바탕을 다 같이 공부한 것이다. 그러고 나서야 두근거리는 배역 결정이라는 산을 넘었다. 아이들이 하고 싶어 하는 배역을 수용하며, 교사로서 8년간 그들의 성장 과정을 지켜보며 아이들에게 필요한 도전과 성장을 고려하여 나름 진통을 겪으며 배역 선정을 마쳤다.

아이들은 대사를 달달 외우고 장면을 만들며 날마다 방과후까지 남아 연습을 했다. 수공예 시간에는 자신들이 입을 의상을 만들고, 미술과 목공 시간에는 무대 배경과 그림, 포스터 등을 만들었다. 음악 시간에도 연극에 필요한 합창, 중창, 연주를 익히고 완성했다. 또 틈틈이 리플릿과 초대장을 만들며 연극에 온전히 매달렸다.

연습이 늘 생각대로 되지는 않았고, 만족스런 연기가 나오는 날도 드물었다. 어제는 쟤가 울고, 오늘은 얘가 뛰쳐나가고, 연습 분위기는 오르락내리락, 아이들과 교사가 번갈아가며 절망하고, 참으로 변화무쌍한 감정들을 경험하면서 연극은 제자리를 찾아나갔다. 단순히 연기를 잘한다 소리를 들으며 박수갈채를 받고 싶어서가 아니라 내가 맡은 인물을 이해하고 사랑하게 되니 상대역과도 자연스러워지고, 서서히 자신감이 생기니 연극 전체를 보는 눈도 생겨 아이들 스스로 연출의 아이디어까지 내는 단계에 이르렀다.

드디어 아이들은 객관적인 자기 모습을 보게 되었고, 그것을 인정하자 새로운 상태로 변화하는 것이 힘들고 아픈 일이 아니었다. 스스로의 변화를 느끼며 기뻐하고 흐뭇해했다. 수줍음, 두려움, 허위로 경직된 자신의 한계와 대면해야 하고, 타인들과 함께 호흡하고 협력하지 않으면 안 되는 보편적인 인생의 과제를, 열다섯 살 아이들은 무대라는 공간에서 '예술'로 경험하는 엄청난 배움을 얻었다. 나 역시 혹독하게 나 자신을 대면하는 시간이었고 이를 통해 교사로서 한 단계 성장할 수 있는 힘을 얻었다.

맺음말

정말로 오랜만에 아이들 편지를 다시 읽어보니, 재미난 일들도 새록새록 떠오르고 순수한 아이들이 사랑스럽기 그지없습니다. 마음을 활짝 열고 속내를 보여주었던 아이들에 비해 선생인 올빼미의 답글은 왜 그리 답답하고 틀에 박힌 느낌인지 부끄럽고 안타깝기만 합니다. 더 신나게 맞장구쳐주고, 때로는 짓궂게 같이 장난도 치고, 생기 있고 재치 가득 웃겨주지도 못하고, 울새가 그토록 원했던 길게 써주기도 왜 못했을까···. 당시 과중한 업무와 3주마다 다른 수업 준비를 하느라 늘 쫓기듯이, 숙제하듯이 아이들과의 작업을 하던 제 모습이 떠오릅니다. 처음으로 만들어가는 학교의 크고 작은 일들로 지쳐 있는 저를 시시포스처럼 또다시, 또다시 교실로 이끌어주며 그나마 사람답게 만들어주었던 우리 반 아이들이 사무치게 고맙습니다. 아이들이야말로 어설픈 제가 선생의 꼴을 갖추게 해준 진짜 저의 선생님들인 셈입니다.

처음 1년간은 아이들이 제법 자주자주 날아오곤 했습니다. 아이들 편지 공책을 가슴에 한아름 안고서, 아껴두었던 소설이나 만화책을 벼르다 보듯이, 설레는 마음으로 보기 시작합니다. 눈이 반짝반짝, 경직된 얼굴의 주름이 펴지며 입가에 웃음이 비어져 나옵니다. 키득키득, 낄낄, 우하하···. 시름을 잊게 하고 뿌듯한 기쁨을 선사하는 보석 같은 우리 반 아이들의 사연입니다.

4, 5, 6학년 중간 학년이 되면서 아이들은 친구들로부터 사랑의 갈증을 해소하려 하였습니다. 대다수 새들이 운동장에서 축구와 놀이에 빠지

216

면서 올빼미와 소원해졌습니다. 특히 여자아이들은 저희들끼리 '마녀시대'를 조직해서 수시로 회합을 갖고, 심지어는 수업 시간에 쪽지를 주고받다 꾸지람을 듣기까지 했습니다. 그래도 여전히 올빼미를 찾는 몇몇 새들 덕택에 위로를 받았습니다. 자연스럽고 지극히 당연한 아이들의 변화입니다. 아이들의 사랑을 독점하고 통제하고 싶어 하는 교사에게 또 다른 성찰과 성장을 배우게 합니다. 아이들의 변화, 성장에 맞게 교사도 함께 변화하고 성장해야 한다는 슈타이너의 두 가지 이야기에 정신이 번쩍 들었습니다.

"모든 교육은 자기 교육이다. 인간은 되어가는 존재다."

교사는 되어가고 만들어져가는 것이었습니다.

스스로 판단하고 책임질 일들이 많아진 7학년이 되면서 가뭄에 콩 나듯 새들이 날아와 저를 기쁨에 눈물짓게 만들더니, 8학년이 되어서는 유치한 편지 공책을 던져버리고 근사한 편지지에 진짜 편지들을 써서 보냈습니다. 요구와 투정이 아닌 담담한 자기 마음들에 대한 고백과 달콤하게 저를 위로하는 편지들이었습니다.

울새와 긴꼬리케찰과 여러 새들은 이제 스물두 살이 되었습니다. 자신들이 좋아하는 일을 찾아 행복하게 사는 누군가가 되는 것을 넘어서, 자연과 세상의 한 이웃으로서 자신의 삶을 기여하는 어른다운 어른이 되려고 진지하게 고민하는 청년들이 되었습니다.

이 친구들이 엄마, 아빠가 되어 자신들의 어릴 적 기억을 떠올리며, 자신들의 아이들과 편지를 나눈다면 참 근사하겠다는 상상을 해봅니다. 어떤 시대가 도래할지 알 수 없지만 아이는 아이답고, 어른다움이 살아 있어서 따뜻하고 진실한 만남들이 더욱 풍요롭기를 기도합니다.